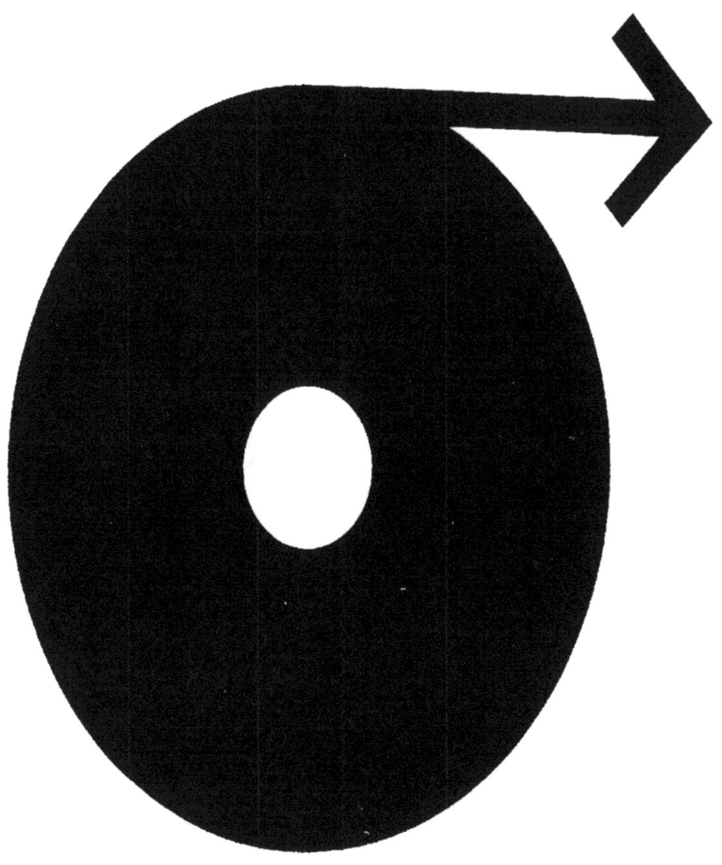

Début de bobine

NF Z 43-120-1

Bibliothèque nationale de France - Paris

Juin 2005   Atelier de reproduction-MLV

TABLE ALPHABÉTIQUE

DES

NOMINATIONS, MUTATIONS ET PROMOTIONS

DU BULLETIN OFFICIEL DE LA RÉUNION

POUR L'ANNÉE 1862.

TABLE ALPHABÉTIQUE

DES

NOMINATIONS, MUTATIONS ET PROMOTIONS

DU BULLETIN OFFICIEL DE LA RÉUNION

POUR L'ANNÉE 1862.

TABLE ALPHABÉTIQUE

DES

NOMINATIONS, MUTATIONS ET PROMOTIONS

DU BULLETIN OFFICIEL DE LA RÉUNION

POUR L'ANNÉE 1862.

Abréviations

Av. en gr.	—	Avancement en grade.
Av. en cl.	—	Avancement en classe.
Ch. de cadre	—	Changement de cadre.
Conc. de b.	—	Concession de bourse.
Command.	—	Commandement.
Commiss.	—	Membre d'une Commission.
Décès	—	Décès.
Démiss.	—	Démission.
Destit.	—	Destitution.
Dispon.	—	Disponibilité.
Dist. hon.	—	Distinction honorifique.
Etat-maj. g.	—	Etat-major général.
Lég. d'h.	—	Légion d'honneur.
Maint. au ser.	—	Maintien au service.
Méd. milit.	—	Médaille militaire.
Ment. hon.	—	Mention honorable.
M. en disp.	—	Mise en disponibilité.
Mutat.	—	Mutation.
Nomin.	—	Nomination.
Non-act.	—	Non-activité.
Permut.	—	Permutation.
Prolong. de b.	—	Prolongation de bourse.
Rap. à l'act.	—	Rappel à l'activité.
Radiat.	—	Radiations.
Rectif.	—	Rectifications.
Réf.	—	Réforme.
Réint.	—	Réintégration.
Retr.	—	Retraite.
Retr. d'emp.	—	Retrait d'emploi.
Révoc.	—	Révocation.
Solde supp.	—	Solde supplémentaire.
Tém. de satisf.	—	Témoignage de satisfaction.

NOMS.	ACTES.	PAGES.
Bénard C.	démiss.	110
Bénard E.	nomin.	511
Bénard J.-B.	nomin.	545
Bénonie P. N.	nomin.	369
Béraud	nomin.	512
Berhau J. M.	nomin. — id.	63-294-296
Bernard E. G.	mutat. — nomin.	111-113
Bert.	nomin.— id.— mutat.	374-447-806
Berthault J.	nomin.	609
Béthuel	nomin.	110
Betsy M. S.	nomin.	805
Biberon fils J.-B.	nomin.	66
Biberon père L.	nomin. — id.	373-508
Biberon A.	nomin. — démiss.	511-546
Blanc	démiss. — mutat.	370-549
Boilloux N. C. J.	nomin. — av. en cl.	65-146-188
Bolivier	mutat.	113
Bonamour A.	nomin.	440
Bonnin	nomin.	799
Bordenave A.	nomin.	64
Bories	nomin. — id.	18- 62-647
Bories A. A.	nomin. — mutat.	370-608-645
Bosse	cong. de c.	241
Bosse C. A.	nomin.	369
Bosse H.	nomin. — démiss.	369-422-609
Boullay	nomin. — id. — id.	296-373-513 -648
Bouquet J.	nomin.	239
Bourayne	nomin.	444
Bourette	nomin. — id.	477-650
Bourgeois A. A.	nomin.	113
Bourgeois D.	cong. — de c.	293
Bourgeois J. L.	nomin.	440
Boutin F.	nomin.	644
Boyer C.	nomin.	800
Boyer	démiss.	443
Boyer E.	nomin.	191
Braun	démiss.	111
Brandela	nomin.	216
Bréden	démiss.	512
Briard	méd. milit.	238
Bridet	nomin. — id.	238-605
Brossard	nomin.	442
Broutin	nomin.	509
Brulon	démiss.	190
Bruniquel.	décès	50
Buisson	démiss.	550

NOMS.	ACTES.	PAGES.
Burel	nomin — id.	68-443
Buttié	mutat.	297
Buttié A.	nomin.	800
Buttié A.	nomin.	64

C

NOMS.	ACTES.	PAGES.
Cabannes J. M. F. B.	nomin.	241
Cabossel	démiss.	550
Cadet A.	nomin. — demis.	67-198
Cadet F.	nomin.	186
Cadet P.	nomin.	298
Cadet C. B.	nomin.	799
Cafin de Bellegarde	nomin.	440
Caillot	nomin. — id.	50-113
Caire	av. en cl.	510
Calvert F.	nomin.	545
Calver	nomin.	238
Campenon J.	nomin.	545
Cansot M. C.	nomin.	802
Carbonel	nomin.	372
Carle A.	nomin.	444
Carle M.	décès	444
Cassien P. G.	mutat.	549
Cazeau T.	nomin. — démiss.	444-550
Célières	nomin.	443
Chamand F.	nomin.	799
Chammings F.	nomin.	369
Champierre de Villen. P.	mutat.	513
Chandemerle A.	nomin.	508
Chandemerle M.	nomin.	508
Chanvalon (de)	démiss.	242
Charpentier C.	nomin.	650
Chassagne A. fils	nomin.	442
Châteauvieux (de)	nomin.	297-605
Chatelies	nomin.	209
Chazaren E.	cong. de c.	293-607
Chevaux	nomin.	369
Chicanneau	méd. milit.	546
Chièze	nomin.	185
Choppy	démiss.	803
Claude	démiss.	512
Cloix	mutat.	110
Coisnet L.	nomin.	803
Collard D.	licencié	111
Collas A. M. A.	nomin.— tém. de sat.	293-606

NOMS.	ACTES.	PAGES.
Gavarry	démiss. — nomin.	156-649
Germain L. F.	nomin. — id.	38-111
Germain C. M.	nomin. — id.	38-111
Gibert Des Molières	nomin.	372
Gillonet	nomin.	243
Girard	nomin.	613
Girois	nomin. — décès	66-805
Goby A.	nomin.	442
Godefroy	mutat. — nomin.	68-373-649
Godet	nomin.	64
Gontier	cong. de c. — mutat.	241-371
Gonthier	cong. de c.	63
Goulier P. J.	permut.	548
Graton	mutat. — lég. d'h.	187-547-645
Grélot T.	cong. de c. — id. — cong. de c.	187-289-370 -607
Grélot J.	nomin.	190
Grenier A.	congédié — nomin.	111-241
Grenier A.	av. en cl.	240
Grenier J.-B.	nomin.	369
Greslan (de) H.	nomin.	647
Grilhaut Desfontaine	nomin.	477
Grimaud A.	nomin.	650
Grondein P.	nomin.	804
Gruchet H. J.-D.	nomin.	65
Grunesseim T.	nomin.	802
Guichot J. M. U.	nomin.	66
Guigné (de) H.	nomin. — id.	373-374
Guillermin	nomin.	649
Guiton	nomin.	239
Gustave A.	nomin.	550
Guy de Ferrière	nomin.	650
Guyomar A. M.	nomin. — id.	441-607

H

NOMS.	ACTES.	PAGES.
Habasque	mutat.	616
Hacquard	décès	607
Hollez	mutat.	477
Harlay de Toulguengat de Treffry	nomin.	243
Hacquet père	nomin.	209
Henry C.	nomin.	546
Henry F. M.	nomin.	550
Herland	mutat.	111
Hermann A. J.	nomin.	189

NOMS.	ACTES.	PAGES.
Hibon J. B.	démiss.	242
Hibon L.	mutat.	372
Hièvre (d') J.	nomin.	802
Hoareau L. E.	nomin. — id.	186-806
Hoareau P. C.	nomin.	440
Hoareau Laroche	mutat.	512
Hoareau Desruisseaux	nomin. — id.	190-609
Hoareau Lasource J.B.H.	nomin.	374
Hoareau H.	nomin. — id.	186-422
Houplart-Dupré	av. en cl.	510
Hubert C. A.	nomin.	647
Hubert Delisle Laure	nomin.	800
Hugoulin	mutat.	370
Hurtrel	nomin.	445

I

Imbert F. A.	nomin — id.	440-800

J

Jacob de Cordemoy	nomin.	649
Jaillet	nomin.	374
Jallabert F.	cong. aff. p.	113
Jamin C. A.	nomin.	804
Jehan	cong. aff. p.	371-510
Joly	cong. de c.	110
Jore	nomin.	645
Jouan P. E.	nomin.	68
Jouhanneaux	méd. milit.	185
Jouanny M. M.	nomin.	649
Jude F. A.	nomin.	334
Jude H.	nomin.	445
Jude A.	nomin.	445

K

Keating (de) Baron	démiss. — nomin.	66-297-649
K/anval A. fils	nomin.	113
K/anval père	nomin. — id.	422-443
K/anval T.	nomin.	508
K/anval J. B.	démiss.	609
K/anval A. P.	nomin.	644
K/ourio	nomin.— mut.— rév.	66-113

NOMS.	ACTES.	PAGES.
L		
Labaume P.	nomin.	800
Lacarre	nomin.	508
Lacaze A.	nomin. — démiss.	609
Lacaze F.	nomin. — id.	369-422
Lachenardière B.	nomin.	63
Laffon	nomin.	68
Laffon Baïet	nomin.	189
Lafosse	nomin.	371
Lagoutte	congé	644
La Hogue (de) A.	nomin.	65
Lallemand A.	nomin.	186
Lambert A.	nomin.	422
Lambert	mutat.	644
Lambert R.	nomin.	802
Lambriquet C. J.	nomin.	804
Lamendour E.	cong. — nom. — démis.	296-297-509
Lamouroux	nomin.	209
Langlois P.	nomin. — id.	64-440
Langlois aîné	nomin.	422
Lantz	nomin.	296
Lanux (de) P.	nomin.	546
Laperrière C.	nomin.	546
Lapotaire	mutat.	649
Laprade (de) J.	nomin. — id.	369-422
Laprade (de) E. C.	nomin.	609
Laprade (de) P.	nomin.	609
Laprade D.	nomin.	422
Lartigue O.	mutat. — id.	371-548
Lataud C. E. O.	mutat. — id.	111-549
Laugaudin	nomin. — congé	18- 62-239 370
Louratet M. V.	nomin.	805
Laure	nomin.	647
Lauret T.	nomin.	186
Lautret H.	nomin.	800
Lebarbier A.	nomin.	444
Lebeaud C.	démiss.	242
Lebel A.	nomin. — id.	68-545
Lebon L.	nomin.	186
Lebreton H. C.	mutat. — nomin.	67-112
Lebreton	nomin. — retr.	186-187
Lebreton F. E.	nom — dém. — nom.	190-242-440
Lebreton V.	nomin.	298
Lebreton P.	nomin.	369

NOMS.	ACTES.	PAGES.
Lebreton T.	nomin. — id.	440-644
Leclerc	démiss.	65
Leclerc Saint-Ange	nomin.	440
Leclos L.	nomin.	295-297
Leclos A.	av. en cl.	645
Lecordier	avanc.	443
Le Coult. de Caumont B.	cong. c.	608
Lécuyer	cong. sém.	61
Lefèvre C.	nomin.	240
Lefol A.	mutat. — id. — id.	240-607-646
Léger F.	cong. — décès.	185
Léglise J. B.	mutat.	188
Legras V.	nomin.	64
Legras A.	nomin.	64
Legras P.	nomin. — id. — id.	68-216-477 -648
Legras C.	mutat.	296
Leichnig J. D.	nomin.	186
Lejeune A. J.	mutat. — id.	294-441
Lelièvre F.	nomin. — id.	369-800
Lelièvre J.	nomin.	422
Lemarié E.	nomin.	610
Lemazurier	nomin.	422
Lenoble O.	démiss.	242
Lenoir Ch. A.	mutat. — nomin.	68-112
Léo de Lanux B.	démiss.	113
Léo de Lanux A.	mutat. — id.	374-512-650
Lépervanche R.	démiss.	550
Lesseline	nomin. — lég. d'h·	546
Levaillant d'Hautecourt	nomin.	372
Leveau	nomin.	110
Le Vigoureux	nomin.	68
Levillain	cong.—sém.—mutat	292-440-644 -802
Lieutaud	cong. c. — permut.	61- 62
Lichossy	cong. c. — id.	114-511
Ligonier (de)	nomin.	616
Lioto A.	nomin.	243
Loiseau A.	cong. aff. per.	443
Loiseau B.	av. en cl.	510
Loiseau D.	cong. c.	648
Long A.	nomin.	190
Longuet M.	nomin.	609
Lory T.	nomin.	545
Louis Julie.	nomin.	800
Loupy	mutat.	372
Louvet	méd. milit.	238

NOMS.	ACTES.	PAGES.
M		
Mac-Auliffe J. M.	permut. — id.	548-549
Macquary L.	nomin.	241
Magentis	nomin.	241
Magny	nomin.	50
Mahé de la Villéglé L. S.	mutat. — id.	510-801
Maingard	nomin. — démiss.	373-511
Maître F. S.	nomin.	648
Malard	av. en cl.	545-546
Manès E.	nomin. — id. — id.	63-647-800
Manès J.	nomin.	800
Marbotin	nomin.	477
Marcel C.	méd. d'h.	606
Marcotte	congé c. —id.	110-292-508 -8o2
Margeot H.	nomin.	369
Margeries	mutat.	292
Marignac J.	nomin.	508
Marrau C.	licencié	295
Martel	nomin.	370
Martin	mutat.	292
Martinel A.	nomin.	69
Masseaux J. L.	nomin.	189
Masselis	démiss. — id.	293-441
Massot F.	nomin.	186
Mathias	nomin.	187
Mathis M.	mutat.	63
Maupoint	cong. — sém. — id.	292-440
Maureau C.	nomin.	242
Maureau D.	nomin. — mutat.	112-189
Mauziès	révoc.	549
Mazières	nomin.	799
Médor Féler	démiss.	295
Merlin	nomin. — id.	509-649
Merlot H.	tém. de satisf.	606
Merlo B.	nomin. — id.	512-550
Merlo A.	nomin.	373
Meslier M.	nomin. — mutat.	112-188
Meuriot F.	nomin.	508
Mestres	décès	647
Michel	nomin.	372
Milhet fils	nomin. — id.	422-609
Milhet de Fontarabie	nomin.	512
Moine	méd. milit.	546
Mondon C.	nomin.	444

NOMS.	ACTES.	PAGES.
Patu de Rosemont A.	nomin.	373
Patu de Rosemont fils	nomin.	67
Paulin M.	nomin.	187
Payet F.	nomin.	800
Payet J. B.	nomin-	799
Payet E.	mutat.	512
Payet D.	nomin. — mutat.	241-512-550
Payet S.	nomin — id.	61-239
Payet L.	nomin.	239
Pellier E.	nomin. — décès	239-298
Penaud	med. milit.	605
Pépin	mutat.	241
Percin	décès.	216
Périer d'Hauterive E.	nomin. — démiss.	610-649
Périer Montbel	nomin.	65
Perrault Frémicourt	nomin.	511
Perrot	mutat.	549
Petit H.	mutat.	804
Petit	retr.	293
Petit d'Hésincourt	nomin.	510
Peyras C. P.	nomin.	66
Philip. B.	nomin.	800
Philippe Davilmar	nomin.	510
Picard J.	nomin.	239
Piet Séverin	nomin.	512
Pignolet H.	nomin.	373
Pihouée A.	nomin.	609
Pinelli F. A.	nomin. — id.	189-241
Pitou A.	nomin.	800
Piveteau J.	mutat.	609
Plassiard	cong. c. — id.	292-440-605 -806
Pomel	av. en cl.	188
Pomphily F.	nomin.	644
Pomphily Canivet	mutat.	806
Popis Z. L. E.	nomin.	191
Porteret	cong.	61
Post P.	nomin. — démiss.	68-440-651
Potier	nomin.	372
Potier G.	nomin.	442
Poudroux	démiss.	238
Préaux	mutat. — id.	297-298
Prévost H. E.	méd. milit.	185
Prév. de Langristin H.F.	démiss.	803
Prévost	nomin.	187
Prosper J.	nomin.	440
Pruche Aubry	nomin.	80

NOMS.	ACTES.	PAGES.
Prudent J. B.	nomin.	800
Prud'homme	décès	296
Prud'homme de St-Maure	nomin.	799
Puren P. L. H.	nomin.	369

Q

NOMS.	ACTES.	PAGES.
Quillet	nomin.	209
Quinel	nomin. — id.	238-509

R

NOMS.	ACTES.	PAGES.
Raux A.	nomin.	238
Ravin A.	mutat. — nomin.	188-442 510 -801
Régnier C. H. L. F.	démiss.—nomin. —	294-297
Renou D. F.	mutat.	292-806
Rétout père	nomin.	422
Rétout F.	nomin.	546
Revest	nomin.	509
Ribout	mutat.	512
Riche G.	nomin.	187-644
Richard A.	démiss. — id.	373-649
Ricquebourg A.	décès	189
Ricquebourg E.	nomin.	610
Rieul E.	nomin. — id.	63-241
Ringwald A	démiss.	547
Rivière L.	nomin.	187
Rivière M. A.	nomin.	651
Rivière F.	nomin.	800
Robert (des)	nomin.	645
Robert	av. en cl. — mouv.	187-608
Robert M.	nomin.	65
Robin V.	démiss.	609
Roissard (de) de Bellet	mutat.	549
Rolland	mutat.	110
Rolland J. M.	permut. — mutat.	62-294-370 -548
Rolland (de) Derieul	nomin.	66
Romieux	mutat. — id.	295-297
Rosset	nomin.	32
Rougemont J.	nomin.	186
Roullin E.	nomin.	238
Roulmann	mutat.	511
Roumagoux E.	nomin.	609

NOMS.	ACTES.	PAGES.
Rousset E. A.	nomin.	112
Roux	mutat. — id.	513-648
Royer M.	mutat. — id.	441-605
Rozé J. B.	nomin. — id.	585-801

S

NOMS.	ACTES.	PAGES.
Saint-Marc	licencié	295
Sairon Messis	décès	375
Salvan	mutat.	549
Sanglier (de) A.	nomin.	369
Sauger	décès — id. — id.	545-609-647
Savignon A.	nomin.	513
Savary	démiss.	242
Selhausen P. A.	mutat.	188
Sellier F. A.	nomin. — démiss.	156-648
Sellier N.	nomin.	372
Sémanne C. A.	mutat.	63
Sigoyer (de) A. B.	nomin.	609
Simon F.	nomin.	440
Simon C. A.	nomin.	375
Sirven	nomin. — démiss.	185
Sudraud Desisles	nomin. — mutat.	216-806
Sully Leiris	retr.	477

T

NOMS.	ACTES.	PAGES.
Tabouret J.	nomin. — id.	65- 66-146
Tardy	mutat. — nomin.	292-444
Tarnec L. J. M.	nomin.	67
Técher	nomin.	422
Terral	nomin. — mutat.	445-806
Tétrel	nomin.	371
Théodore J.	nomin.	369
Thiodon de Beaupré J.J.	nomin.	806
Thomas F.	nomin. — id.	63-509
Thomé	nomin.	799
Thoraval	mutat.	111
Tiphaine J.	nomin.	190
Tourneux H.	nomin.	188
Tourris (de) L.	mutat. — nomin.	372-605
Tourris (de) V.	nomin.	68
Toussaint de Quièvrec.	nomin.	545
Toyon J.	nomin — démiss.	156-372-513 650

Fin.

DATES.	NATURE ET ANALYSE DES ACTES.	PAGE.
	A.	
	ACCLIMATATION.	
1862. — 18 septembre.	Arrêté local autorisant la constitution d'une société d'acclimatation.	525
	Statuts de la société coloniale d'acclimatation.	526
	ACIDULAGE.	
Id. — 5 décembre.	Décision locale disposant qu'à dater du 15 décembre 1862 jusqu'au 15 avril 1863, les divers corps de la garnison recevront du rhum pour acidulage.	801
	ACQUISITIONS D'IMMEUBLES.	
Id. — 19 mars.	Arrêté local. — La commune de Saint-Benoît est autorisée à acquérir, pour ses chemins vicinaux, un terrain des héritiers Moy de Lacroix.	148
Id. — 19 Id.	Arrêté local. — La commune de Saint-Benoît est autorisée à acquérir deux terrains des héritiers Selhausen, pour ses écoles primaires.	149
Id. — 24 avril.	Arrêté local autorisant la commune de Sainte-Suzanne à acquérir une maison du sieur de Tourris pour l'agrandissement de son ouvroir.	228
		515
Id. — 10 mai.	Arrêté local qui autorise l'administration des domaines à acquérir du sieur de Duigné	

N

Fin.

BULLETIN OFFICIEL

DE

L'ILE DE LA RÉUNION.

(N° 46.)

JANVIER 1862.

N° 1003. — *CIRCULAIRE ministérielle aux Gouverneurs, commandants des colonies, commandants des forces navales françaises dans les mers de Chine, portant envoi d'un règlement relatif à la comptabilité du matériel existant dans les dépôts établis hors du territoire continental.*

Paris, 30 Octobre 1860.

Messieurs,

Il résulte des documents qui me sont transmis que la comptabilité du matériel de toute nature appartenant au service *marine*, et existant tant dans les colonies que sur les autres points situés hors du territoire continental, n'est pas suivie d'une manière uniforme par les détenteurs qui en sont aujourd'hui chargés.

D'une part, les divisions des recettes et des dépenses, ainsi que la période qu'embrassent les comptes, varient suivant les localités ; d'une autre part, plusieurs de ces comptes ne contiennent que des indications incomplètes ou insuffisantes ; partout enfin la situation du matériel dont il s'agit est telle que jusqu'ici l'on n'a pu, dans mes bureaux, en suivre les mouvements avec toute l'exactitude

1

désirable, et que l'on s'est trouvé, en outre, dans l'impossibilité, pour la plus grande partie, d'en rattacher la valeur au compte général que publie annuellement mon département. Afin de remédier à ces inconvénients, j'ai arrêté les dispositions qui font l'objet du règlement ci-joint, lequel sera applicable, à partir du 1er janvier 1861, dans tous les dépôts, à l'exception toutefois de l'*Algérie*, où la comptabilité continuera d'être tenue d'après le mode actuellement en usage.

Ce règlement ne me paraît comporter aucun développement. Les prescriptions qu'il renferme sont d'une exécution facile, et n'ont d'autre but que d'exiger des dépositaires actuels la reddition de comptes plus réguliers que ceux qui ont été fournis jusqu'à ce jour. Je me bornerai à faire remarquer que le livre-journal, le registre-balance, les pièces justificatives, les états de recettes et de dépenses, ainsi que les relevés trimestriels dont il est question dans le dit règlement, seront distincts pour chaque service. Les relevés seuls seront établis en quantités et en valeurs; tous les autres documents de comptabilité ne comprendront que des quantités, sauf l'indication, en un seul chiffre, du montant des achats et des cessions sur les pièces relatives à ces opérations.

J'ajouterai que les ordres de délivrance qui, d'après la circulaire du 2 avril 1858 *(Bulletin officiel*, page 250)*, devaient accompagner les états constatant les délivrances faites aux bâtiments dans les colonies, seront, à l'avenir, mis à l'appui des relevés trimestriels des recettes et des dépenses effectuées dans les dépôts.

Je crois devoir, en même temps, appeler votre attention sur les formalités à remplir en ce qui touche les envois.

Aux termes de l'instruction du 1er octobre 1854, les services auxquels sont remis les matières et objets expédiés doivent me faire parvenir des certificats de réception. Il importe que ces pièces me soient exactement transmises par les dépôts. Je rappellerai ici que d'après les prescriptions de la circulaire du 6 septembre 1855, (insérée au *Bulletin officiel*, page 697), chaque certificat doit indiquer le service auquel appartiennent les matières et les objets, et correspondre à une seule facture d'envoi. D'une autre part, en cas de différences entre les quantités expédiées et les quantités arrivées à destination, il devra être annexé aux certificats de réception, conformément à la circulaire du 8 juillet 1856 *(Bulletin officiel*, page 594), un *extrait* du procès-verbal de recette mentionnant les articles présentant des excédants ou des déficits, ainsi que ceux qui auraient nécessité des changements de classification par suite d'avaries ou de toute autre circonstance. Cet extrait reproduira les explications qui auront été fournies par le capitaine relativement aux différences constatées, et fera connaître l'opinion motivée de la Commission de recette sur les causes des excédants et des déficits.

Quant aux envois faits par les dépôts aux ports de France, il sera remis au capitaine chargé du transport un état ou facture énonçant les espèces et quantités des matières et objets à transporter. Une ampliation de cet état portant évaluation me sera adressée, et un avis d'expédition, également apprécié, sera, en outre, transmis au port destinataire.

Je me réfère, d'ailleurs, en ce qui concerne les prescriptions de détail à observer à l'égard des envois faits ou reçus, à la circulaire précitée en date du 8 juillet 1856.

Je vous fais expédier des exemplaires du règlement ci-joint et des nomenclatures des matières et objets de consommation et de transformation, avec des registres et des imprimés *(modèles n°° 91, 92 et 93, annexés à l'instruction du 1er octobre 1854)*, auxquels il y aura à faire, à la main, de légères modifications pour les approprier à leur destination; les modèles nᵒˢ 1, 2 et 3 (1), placés à la suite de la présente circulaire, font suffisamment connaître en quoi consistent les changements à opérer. Vous recevrez, en même temps, des imprimés conformes au modèle nᵒ 4 (1), pour servir à la formation des relevés trimestriels des existants, des entrées et des sorties.

Les formules dont l'emploi est prescrit par l'instruction du 1ᵉʳ octobre 1854 pour la justification des opérations à charge et à décharge serviront également, s'il y a lieu, dans les dépôts; mais il ne vous en sera fait un envoi que lorsque vous m'aurez transmis, sous le timbre de la *Direction de la comptabilité générale (service intérieur)*, un état indiquant, avec les quantités nécessaires, ceux de ces imprimés qui auront été reconnus susceptibles d'être utilisés.

Recevez, Messieurs, l'assurance de ma considération très distinguée.

L'Amiral, Ministre Secrétaire d'État au département de la Marine et des colonies,

HAMELIN.

RÈGLEMENT *relatif à la comptabilité du matériel existant dans les dépôts établis hors du territoire continental.*

Art. 1ᵉʳ. La comptabilité du matériel appartenant au service *marine*, et existant dans les dépôts établis hors du territoire continental, est suivie par les fonctionnaires ou agents désignés à cet effet.

Cette comptabilité est tenue distinctement par service, suivant la classification indiquée à l'article 55 du décret du 30 novembre 1857.

(1) Voir ces modèles au *Bulletin officiel* de la marine, 1860, pages 587 et suivantes.

Art. 2. L'agent chargé de la comptabilité tient un livre-journal *(modèle n° 91 annexé à l'instruction du 1er octobre 1854, modèle n° 1 ci-joint)*, destiné à l'inscription des entrées et des sorties de toute nature.

Art. 3. Chaque pièce justificative, enregistrée sur le journal, est annotée d'un numéro d'ordre dont la série est renouvelée chaque année.

Art. 4. Les pièces justificatives sont établies en quantités. Les matières et les objets y sont portés sous les numéros et les désignations indiqués dans la nomenclature des matières et objets, spéciale à chaque service.

Art. 5. Les pièces justificatives concernant les achats présentent, à titre de renseignement et en un seul chiffre, avec le numéro de la traite, s'il y a lieu, la somme payée au fournisseur pour les matières et les objets dont elles constatent l'entrée.

Les pièces d'entrée ou de sortie relatives aux cessions indiquent également en un seul chiffre la valeur des matières et des objets cédés, calculée d'après les prix de cession.

Art. 6. Au commencement de chaque mois, l'agent chargé de la comptabilité du dépôt dresse un état *(modèle n° 92 annexé à l'instruction du 1er octobre 1854, modèle n° 2 ci-joint)*, comprenant toutes les recettes, et un autre état *(même modèle)*, présentant toutes les dépenses effectuées pendant le mois écoulé.

Art. 7. Il est tenu un registre-balance *(modèle n° 93 annexé à l'instruction du 1er octobre 1854, modèle n° 3 ci-joint)*, par espèce de matières ou d'objets.

Les résultats des états de recettes et de dépenses mentionnés en l'article précédent sont reportés sur ce registre.

Art. 8. Au commencement de chaque trimestre, l'agent chargé de la comptabilité du dépôt forme, d'après son journal, le relevé *(modèle n° 4)*, des entrées, des sorties et des existants.

Ce relevé ne comprend que les espèces de matières

ou d'objets qui ont subi des mouvements pendant le trimestre. Toutefois, le relevé du 4ᵉ trimestre reproduit tous les articles du registre-balance qui présentent un existant à la fin de l'année, alors même qu'ils n'ont éprouvé aucun mouvement.

Art. 9. Les quantités inscrites sur chaque relevé sont évaluées d'après les prix officiels déterminés par la nomenclature.

Art. 10. Les articles non compris dans la nomenclature sont portés sous le numéro d'unité collective affecté aux matières et objets divers non règlementaires, sans numéro d'unité simple, mais par espèce de matières ou d'objets.

Les prix applicables à ces articles sont établis au moyen des marchés ou de tous autres documents, suivant qu'ils proviennent d'achat, de cession, etc. Toutefois, ces prix, une fois déterminés, continuent à servir à l'évaluation des mêmes objets non nomenclaturés reçus ultérieurement.

Art. 11. Chacun des relevés trimestriels est transmis au Ministre par la première occasion, appuyé des états mensuels des recettes et des dépenses, ainsi que des pièces justificatives.

Cet envoi a lieu sous le timbre de la Direction de l'administration : *Bureau de la comptabilité des matières.*

Art. 12. Les dispositions de l'instruction du 1ᵉʳ octobre 1854, relatives à la constatation et à la justification des recettes et des dépenses, ainsi qu'à la surveillance administrative de la comptabilité, sont suivies dans les dépôts où l'organisation du service se prête à leur application.

L'Amiral, Ministre Secrétaire d'État de la Marine et des colonies,

HAMELIN.

Dispositions mises en vigueur à la Réunion à dater du 1ᵉʳ janvier 1861.

L'Ordonnateur,
DESMAZES.

N° 1006. —*DÉPÊCHE ministérielle relative à l'in-suffisance des livrets des ecclésiastiques venant en congé.*

Paris, le 22 Août 1861.

Monsieur le Gouverneur,

A l'occasion de l'arrivée en France d'ecclésias-tiques auxquels il est accordé un congé de convalescence, j'ai eu occasion de remarquer que sur les livrets remis à ces ecclésiastiques, il était énoncé qu'ils avaient été payés de leur solde et de leur supplément de traitement jusqu'à une époque qui précédait de quelques jours celle de leur départ de la colonie. Il restait donc le soin, pour mon département, de pourvoir ici au paiement, à ces mêmes ecclésiastiques, de ce qu'ils auraient dû recevoir dans la colonie, si leur décompte eût couru jusqu'au jour même de leur embarquement.

Toutefois, mon département a éprouvé des incertitudes sur la question de savoir si le supplément spécial, sur la nature duquel le livret ne s'explique pas, était ou non acquis à ces ecclésiastiques jusqu'à la même date que le traitement colonial proprement dit.

S'il s'agit d'un supplément de fonctions, il cesse nécessairement d'être dû au moment où le prêtre est remplacé dans ses fonctions par les soins de l'Autorité épiscopale qui en donne avis à l'Administration ; il y a apparence, en effet, que ces remplacements s'effectuent avant que le dit ecclésiastique n'ait quitté la colonie. Il est nécessaire que je sois toujours fixé à cet égard par les apostilles du livret, afin de n'être pas induit à payer au prêtre arrivant, outre son traitement colonial, un supplément que l'Administration coloniale paierait de son côté par double emploi au prêtre ayant succédé au premier.

Pour prévenir cette difficulté, il convient que les apostilles des livrets soient plus explicites, et lèvent toute espèce de doute sur l'époque à laquelle doit s'arrêter le supplément attribué dans la colonie, à un titre que vous me ferez d'ailleurs connaître, à certains ecclésiastiques comme titulaires de cures ou simples vicaires.

Je vous invite à donner des ordres formels dans ce sens et j'adresse les mêmes instructions à MM. les Gouverneurs de la Martinique, de la Guadeloupe et de la Guyane française.

Recevez, etc.

Le Ministre de la Marine et des colonies,

Pour le Ministre et par son ordre:

Le Conseiller d'État, Directeur des colonies,

Baron DE ROUJOUX.

N° 1007. — *CIRCULAIRE de M. le Ministre de l'Agriculture et du Commerce, concernant l'importation des morues de pêche française aux Antilles françaises et à la Réunion.*

Paris, le 22 Août 1861.

Messieurs,

A différentes époques, et notamment dans ces derniers temps, le Département de la Marine et des colonies et le mien ont été saisis de réclamations au sujet de l'importation des morues de pêche française aux Antilles et à la Réunion. Ces réclamations portaient principalement sur les opérations des commissions de vérification et sur l'interprétation de la législation qui régit cette matière.

Après examen, M. le Ministre de la Marine et des colonies a transmis, le 24 juillet dernier, à MM. les Gouverneurs des Antilles françaises et de la Réunion, des instructions qui ont pour but de rappeler aux Administrations coloniales les diverses dispositions dont elles ont à surveiller l'exécution.

Ainsi, il est rappelé qu'aux termes du décret du 29 décembre 1851, il faut, pour que les morues soient admises au bénéfice de la prime, qu'elles aient été reconnues en totalité et pesées avec soin; que leur état de conservation et leur bonne qualité aient été scrupuleusement vérifiés, et enfin, que la Commission coloniale ait constaté d'une manière formelle que ces morues sont propres à la consommation alimentaire.

Les commissions coloniales devront toujours se prononcer par oui ou par non, sans pouvoir ajouter à leur décision un commentaire favorable ou défavorable.

Les vérifications ne devront pas être effectuées par approximation ou sur simple échantillon, il convient qu'elles s'opèrent fût par fût, suivant les instructions ministérielles du 2 mai 1851, et après débarquement de la cargaison. Une manière sommaire de procéder peut être prévue, dans le cas, par exemple, où l'inspection du boucaut à ses deux extrémités donnerait la certitude de la bonne conservation et préparation de son contenu, mais si l'état des couches supérieures et inférieures fait présager de la mauvaise qualité de l'ensemble du boucaut, il est indispensable d'en venir à l'opération du dépotage, à moins que l'adhésion de l'expéditeur ou de son représentant à la décision du rejet par la Commission, ne rende inutile l'accomplissement de cette formalité.

Il est d'ailleurs entendu que les intéressés ne

peuvent être privés de la faculté d'assister aux vérifications, sauf à se retirer au moment de la délibération. Les décisions une fois intervenues sont souveraines, et la Commission ne doit pas procéder à une nouvelle vérification, que la demande lui en soit faite par les intéressés ou que cette contre-vérification lui vienne de sa propre initiative.

Des instructions ministérielles ont prescrit de faire dénaturer, au moyen d'agents chimiques, les morues condamnées, afin que dans l'hypothèse où elles ne seraient pas déclarées pour la réexportation immédiate, elles ne puissent être employées que comme engrais. Des plaintes ayant été formulées au sujet du préjudice résultant de l'emploi de certains agents de détérioration qui enlèvent à la morue tout ou partie de ses principes fertilisants, l'Administration supérieure a été invitée à appliquer tous ses soins à prévenir ce dommage.

Enfin, il a été recommandé d'apporter dans les vérifications de morues toute la célérité que comportent les intérêts engagés et les exigences mêmes du service.

Je m'empresse, Messieurs, de vous donner connaissance de ces instructions, dans lesquelles vous verrez, je l'espère, une nouvelle preuve de la sollicitude que le Gouvernement porte à l'industrie de nos pêches maritimes.

Recevez, etc.

Le Ministre de l'Agriculture, du Commerce
et des Travaux publics,

E. ROUHER.

Nº 1008. — *DÉPÊCHE ministérielle portant notification des résultats de l'apurement de la comptabilité des avances au service marine sur l'exercice 1860. — Solution d'une difficulté qui s'est élevée entre le Contrôleur et l'Ordonnateur.*

Paris, le 20 Novembre 1861.

Monsieur le Gouverneur,

. . . .
. . . .

Relativement aux avances de solde et accessoires de solde, vous m'avez rendu compte, sous la date du 6 août dernier, qu'un dissentiment s'était élevé entre le Contrôleur colonial et l'Ordonnateur à propos des justifications à produire à l'appui des mandats de paiement.

M. le Contrôleur colonial, s'appuyant des dispositions de l'instruction ministérielle du 31 août 1838, est d'avis que les paiements de l'espèce ne peuvent être valablement justifiés que par des états nominatifs et individuellement émargés, lorsqu'il s'agit des états-majors, et que la même justification est nécessaire pour les paiements à faire aux équipages, moins, toutefois, l'émargement des parties prenantes.

M. l'Ordonnateur pense, au contraire, que les conseils d'administration ou les capitaines-comptables des bâtiments, selon le cas, n'ont à produire pour la justification des à compte de solde dont ils réclament le paiement, en ce qui concerne les officiers, que des états nominatifs conformes au modèle nº 2 annexé au décret du 11 août 1856, lequel ne comporte pas l'émargement réclamé par le Contrôle, et, pour les équipages, des états numériques semblables au modèle nº 3.

Cette dernière opinion est conforme à la règle, car elle s'appuie sur les articles 180 et 181 du décret du 11 août 1856, et, en outre, parce que l'ar-

ticle 620 du même acte a abrogé toutes les dispositions antérieures contraires.

Je vous prie de vouloir bien le rappeler à qui de
droit.

Recevez, etc.

*Le Ministre Secrétaire d'Etat de la Marine
et des colonies,*

Comte P. DE CHASSELOUP-LAUBAT.

N° 1009. — *DÉPÊCHE ministérielle donnant avis
que les percepteurs de la Martinique sont autorisés à recouvrer les valeurs étrangères au Trésor.*

Paris, le 28 Novembre 1861.

Monsieur le Gouverneur,

L'Administration de la Banque de la Martinique
a formé une demande tendant à obtenir le concours
des percepteurs de la colonie pour le recouvrement
des sommes dues au Comptoir national d'escompte,
établissement dont elle est chargée de suivre les
diverses opérations ; cette demande est basée sur
les difficultés de recouvrement que rencontre cette
administration dans les localités où elle n'entretient
pas d'agents spéciaux.

Je n'ai pu que donner mon approbation à cette
mesure qui facilitera les rapports du Comptoir national avec la colonie, mais c'est sous la réserve
que les prescriptions contenues dans les articles
718, 1116 et 1623 de l'instruction générale du 20
juin 1859 seront observées dans le cas où vous croi-
riez utile de l'appliquer à la Réunion. Je m'empres-
serais d'en faire l'objet d'une communication à M.
le Ministre des Finances afin que le trésorier-payeur
soit avisé par la Direction de la comptabilité géné-

rale des finances, de la marche à suivre en ce qui concerne le recouvrement dont il s'agit.

Vous trouverez au reste ci-jointe une copie de l'instruction adressée pour l'exécution de cette mesure au trésorier de la Martinique.

Recevez, etc.

Le Ministre de la Marine et des colonies,
Pour le Ministre et par autorisation :
Le Conseiller d'État, Directeur des colonies,
Baron DE ROUJOUX.

N° 1010.—*DÉPÊCHE ministérielle portant avis de l'admission des sous-officiers des compagnies indigènes d'ouvriers du génie à l'emploi de garde du génie.*

Paris, le 2 Décembre 1861.

Monsieur le Gouverneur,

J'ai l'honneur de vous informer que, sur ma demande, M. le Ministre de la Guerre a consenti à admettre sous certaines conditions les sous-officiers des compagnies indigènes d'ouvriers du génie, servant au titre métropolitain, à concourir avec les sous-officiers des régiments du génie pour les emplois de garde.

A cet effet les dispositions suivantes ont été arrêtées de concert entre nos deux départements.

1° Les sous-officiers des compagnies indigènes d'ouvriers du génie ayant servi antérieurement dans un régiment du génie *avec le grade de caporal au moins et ayant passé plus de deux années dans leur nouveau corps*, pourront être admis, avec leur grade de sous-officier, dans les régiments du génie pour y acquérir l'instruction et se placer dans les conditions régulières exigées pour l'avancement à l'emploi de garde du génie ;

2° Cette admission sera prononcée par une décision du Ministre de la Guerre, à la suite d'une proposition du chef du génie, approuvée par l'inspecteur général de la colonie. Le mémoire de proposition sera accompagné d'un certificat d'aptitude délivré par le chef du génie, d'un relevé des punitions, d'un dessin et d'une page d'écriture faite sous la dictée ;

3° Ces sous-officiers seront mis à la suite des régiments jusqu'à ce qu'ils puissent être placés dans les compagnies ;

4° Les sous-officiers proposés par les chefs du génie aux colonies, ne devront pas être âgés de plus de 35 ans.

5° Le nombre des sous-officiers des compagnies coloniales admis dans les régiments du génie pour concourir à l'emploi de garde ne sera que *d'un par régiment et par année*, c'est-à-dire de trois.

6° Si, après un délai de trois années, ces sous-officiers n'ont pas acquis l'instruction nécessaire et s'ils sont reconnus par les inspecteurs généraux du génie incapables de figurer au nombre des candidats à l'emploi de garde, ils seront remis à la disposition du Département de la Marine.

M. le Ministre de la Guerre m'a fait remarquer avec raison que ces mesures, bien que restrictives, sont très favorables aux compagnies coloniales ; puisqu'en supposant qu'elles aient pour résultats trois nominations de garde par an, la part qui leur serait faite serait plus forte que celle attribuée aux régiments de l'arme où il n'y a en moyenne qu'une nomination par groupe de deux compagnies. Je regrette toutefois qu'il n'ait pas été possible de faire admettre à concourir les sous-officiers les compagnies indigènes sortis des régiments du génie avant d'être gradés et cette circonstance doit vous porter à recruter, autant que possible, les maîtres ouvriers parmi les indigènes et à ne demander au titre métropolitain que des sous-officiers et des caporaux.

Vous aurez d'ailleurs à tenir la main à ce que les propositions soient faites seulement en faveur

de ceux que leur bonne conduite rendra dignes de
cette faveur et qui seront jugés complètement aptes
à subir les épreuves qui leur seront imposées dans
le corps du génie avant d'être admis à figurer sur
les listes des candidats aux emplois de garde.

Recevez, Monsieur le Gouverneur, l'assurance
de ma considération très distinguée.

*Le Ministre Secrétaire d'État de la Marine
et des colonies,*

Comte P. DE CHASSELOUP-LAUBAT.

N° 1011. — *DÉPÊCHE ministérielle donnant communication d'un arrêté local rendu aux Antilles
au sujet des passeports à l'extérieur.*

Paris, 13 Décembre 1861.

Monsieur le Gouverneur,

Je viens de donner mon approbation à deux ar-
rêtés qui ont été rendus à la Martinique et à la Guadeloupe et qui ont pour objet d'abroger les ancien-
nes formalités, telles que annonces préalables de
départ dans les journaux ou par tout autre moyen
de publicité, etc. etc. qui ont été imposées jusqu'à
ce jour pour l'obtention des passeports à l'extérieur.

Les motifs qui ont dicté cette mesure dans chacune de nos colonies, sont tirés de l'inefficacité des
formalités dont il s'agit et de l'opportunité qu'il y a
d'entrer aujourd'hui dans la voie libérale qui est
suivie à cet égard dans la Métropole.

Les mêmes considérations me paraissent s'appliquer aux autres colonies; je vous laisse toutefois
le soin d'examiner s'il y a lieu d'adopter la mesure
en question.

Je vous remets ci-joint copie de l'arrêté qui a été pris à la Guadeloupe sur cette matière.

Recevez, etc.

Le Ministre de la Marine et des colonies,

Pour le Ministre et par son ordre :

Le Conseiller d'État, Directeur des colonies,

Baron DE ROUJOUX.

***

Nº 1012. — *DÉPÊCHE ministérielle relative à l'emploi de garde du génie à Sainte-Marie de Madagascar.*

Paris, le 23 Décembre 1861.

Monsieur le Gouverneur,

Vous m'avez informé, par lettre du 16 octobre dernier, que M. Mallard, garde du génie de 2e classe, avait été envoyé de Madagascar à la Réunion, par suite d'une maladie grave, et que vous l'aviez rattaché provisoirement au service de la Réunion, en conséquence de l'envoi de France à Sainte-Marie de Madagascar d'un conducteur des travaux.

L'emploi d'un garde du génie à Sainte-Marie de Madagascar a été compris dans le budget de 1862, après avoir fait l'objet d'un crédit supplémentaire en 1861, et cette mesure, adoptée sur la demande de M. le commandant Delagrange, a été motivée par l'importance des travaux militaires qui s'exécutent dans cette colonie.

L'envoi d'un conducteur des ponts-et-chaussées, qui ne peut être payé que sur les fonds du service local, n'implique nullement qu'il ait été destiné à remplacer M. Mallard, ce qui, d'ailleurs, n'est pas admissible. Ce garde du génie devra donc retourner à Sainte-marie dès que sa santé sera rétablie.

Toutefois, dans le cas où, après des constatations

régulières il serait reconnu qu'elle ne lui permet plus le séjour de Madagascar, vous auriez à le faire remplacer provisoirement par l'un des gardes actuellement employés à la Réunion et à demander son remplacement à Sainte-Marie par un garde qui serait envoyé de France.

Vous voudrez bien me faire connaître la suite qui aura été donnée à la présente dépêche dont je vous prie d'envoyer copie à M. le Commandant de Sainte-Marie, en l'informant de la résolution à laquelle vous vous serez arrêté.

Recevez, Monsieur le Gouverneur, l'assurance de ma considération très distinguée.

Le Ministre Secrétaire d'État de la Marine et des colonies,

Comte P. DE CHASSELOUP-LAUBAT.

N° 1013. — Par dépêche ministérielle du 30 novembre 1861, numérotée 463, avis est donné d'une commutation de peine accordée au nommé Édouard. La peine des travaux forcés à perpétuité, à laquelle il avait été condamné, est commuée en celle de cinq ans de réclusion, sous la réserve de la résidence perpétuelle à Cayenne, à l'expiration de la peine.

N° 1014. — *ORDRE de service de l'Ordonnateur, du 1er mai 1861, concernant le Conseil de santé des hôpitaux militaires et maritimes à la Réunion.*

Art. 1er. Le Conseil de santé des hôpitaux militaires et maritimes à la Réunion, est provisoirement composé ainsi qu'il suit, par suite du départ de M. le premier médecin en chef Petit.

MM. Laugaudin, chirurgien principal de la marine, chef du service de santé par intérim, président;

Arnaud, chirurgien de la marine de 1re classe;

Bories, pharmacien de la marine de 2e classe.

Le chirurgien de la marine de 2° classe, prévôt de l'hôpital militaire de Saint-Denis, est secrétaire.

Art. 2. En cas d'absence ou d'empêchement, le président est de droit suppléé par le membre du Conseil qui le suit dans l'ordre hiérarchique.

Les autres membres et le secrétaire sont suppléés dans le même cas par des officiers de santé appelés par le président, en dehors du Conseil, en raison du grade le plus élevé ou de l'ancienneté à parité de grade.

Art. 3. Le Conseil de santé se réunit régulièrement deux fois par semaine, le mardi et le samedi.

Toute réunion extraordinaire a lieu sur l'invitation de l'Ordonnateur, du Directeur de l'intérieur et du Procureur général, suivant la matière à traiter.

Art. 4. Le Conseil de santé constate l'état sanitaire des fonctionnaires, officiers et employés dans le cas d'obtenir des congés de convalescence, sur l'invitation du chef d'administration compétent et après autorisation du Gouverneur, conformément à la circulaire ministérielle du 12 février 1858, n° 81.

Art. 5. Le prévôt de l'hôpital militaire de Saint-Denis, secrétaire du Conseil de santé, est responsable de l'arsenal de chirurgie et de la bibliothèque du service de santé. Il en tient l'inventaire et en compte vis-à-vis de l'administration de l'hôpital.

Art. 6. Le Conseil de santé exerce les attributions déterminées par les règlements généraux sur la matière, et spécialement par l'arrêté du Gouverneur de la Réunion, du 6 février 1851.

L'Ordonnateur,
DESMAZES.

Nº 1015 — *ARRÊTÉ portant approbation du traité passé entre la commune de Saint-Benoit et Mgr l'Évêque de Saint-Denis au sujet du Collège de Saint-Benoit.*

Du 27 Décembre 1861.

Nous Gouverneur de l'île de la Réunion,

Vu le sénatus-consulte du 3 mai 1854 qui règle la constitution des colonies ;

Vu l'article 64 de l'arrêté du 12 novembre 1848 sur l'organisation municipale ;

Vu la lettre de Mgr l'Évêque de Saint-Denis en date du 29 juin 1861 ;

Vu la délibération du Conseil municipal de Saint-Benoit en date du 10 juillet 1861 ;

Vu le traité conclu entre la commune de Saint-Benoit et Mgr l'Évêque de Saint-Denis ;

Sur le rapport du Directeur de l'intérieur,

Le Conseil privé entendu ,

Avons arrêté et arrêtons :

Art. 1er. Est approuvé le traité intervenu entre la commune de Saint-Benoit et Mgr l'Évêque de Saint-Denis, concernant la direction du Collège de Saint-Benoit et l'enseignement à donner dans cet établissement.

2. Le traité signé par le Maire de Saint-Benoit et par Mgr l'Évêque de Saint-Denis demeurera annexé au présent arrêté.

3. Le Directeur de l'intérieur est chargé de l'exécution du

présent arrêté, qui sera inséré au *Bulletin officiel* de la Colonie.
Saint-Denis, le 27 décembre 1861.

Baron DARRICAU.

Par le Gouverneur :

Le Directeur de l'Intérieur,
Cн. de Lagrange.

PROJET *de traité entre la commune de Saint-Benoit et l'Évêque de Saint-Denis, concernant le Collége de Saint-Benoit, modifié par le Conseil municipal de Saint-Benoit.*

Art. 1er. L'abandon que la commune de Saint-Benoit a fait à l'Évêché de l'emplacement du collége, par délibération du Conseil municipal en date du 9 août 1858, ne sera pas réalisé. En conséquence, la commune de Saint-Benoit redevient propriétaire du dit immeuble avec toutes les constructions qui ont été faites, à la charge par la dite commune de rembourser à l'Évêché la somme de 15,500 francs qu'il a payée à Mlle Aguier, en l'acquit de la commune, pour prix de l'acquisition du dit emplacement.

Ce remboursement se fera par tiers, en trois termes qui écherront fin des années 1862, 1863 et 1864, avec les intérêts au taux de 7 0/0.

La commune ratifiera la vente d'une portion du dit immeuble, faite par l'Évêché à M. Auguste Prudent, à la condition que les héritiers de ce dernier abandonnent gratuitement à la dite commune le terrain nécessaire au prolongement de la rue Poivre d'après le plan directeur de la ville, qui sera arrêté par le Conseil municipal.

2. La commune fera au collége une allocation annuelle de 10,000 f., payable par douzième, qui commencera à courir avec la prochaine année scolaire.

3. Les réparations locatives demeureront à la charge de l'Évêché ;

L'Évêché laisse à la commune la propriété du mobilier actuellement existant, à la charge par la commune de pourvoir à son entretien et à son augmentation.

Dans le cas où la commune voudrait s'exonérer de l'entretien et de l'augmentation du dit mobilier, celui-ci ferait retour à l'Évêché.

4. Le collége deviendra désormais collége communal ; l'enseignement pour les élèves suivant le cours de latin et de grec, y sera conforme au programme du Lycée impérial de Saint-Denis, et s'étendra jusqu'à la 4ᵉ inclusivement ; la surveillance générale de l'établissement appartiendra à la commune ; la commission d'instruction publique communale et l'Inspecteur des études pourront inspecter les classes et examiner les élèves, aussi bien que Mgr l'Évêque de Saint-Denis et ses délégués.

5. Outre l'enseignement concernant les élèves qui suivent les cours de latin et de grec, il y aura dans l'établissement un cours de français, une classe préparatoire et des leçons de dessin linéaire, de comptabilité et de calligraphie.

6. L'Évêché restera chargé comme par le passé de la direction du collége et y entretiendra à ses frais un nombre de professeurs dans la proportion d'un professeur par quinze élèves.

7. Les anciens prix seront maintenus.

Les rétributions à payer par les élèves appartiendront à l'Évêché.

Le Conseil municipal priera M. le Gouverneur de rendre un arrêté qui charge du recouvrement de ces rétributions le Receveur municipal qui les versera directement au Principal du collége, sans qu'il soit besoin d'ordonnances de la commune.

8. L'Évêché recevra gratuitement quatre boursiers internes désignés par le Conseil municipal, qui coucheront au collége et seront nourris par

leurs parents. Ces élèves devront être agréés par le Principal qui, en cas de refus, en fera connaître les motifs au Conseil municipal.

9. Une commission mixte de 4 membres dont 2 nommés par l'Évêché, et 2 par la commune, visitera l'établissement au moins une fois par an, pour se rendre compte de son état et de ses besoins, et adressera, soit à la commune, soit à l'Évêché, les demandes qu'elle jugera indispensables, suivant que la dépense incombera à la commune ou à l'Évêché.

10. La durée de ces conventions est fixée à 10 ans, à partir de la fin de l'année scolaire actuelle, et après l'expiration desquels la commune restera propriétaire, sans indemnité, des impenses faites au collége par l'Évêché, ainsi que de tout le mobilier qu'il y a attaché, sauf le cas prévu par le paragraphe troisième de l'art. 3 ci-dessus.

Saint-Denis, le 21 décembre 1861.

Le Maire de Saint-Benoit,
Signé PATU DE ROSEMONT.

Signé AMAND-RENÉ, *Évêque de Saint-Denis.*

Approuvé en Conseil privé, le 27 décembre 1861.

Le Gouverneur,
Baron DARRICAU.

Par le Gouverneur :
Le Directeur de l'Intérieur,
CH. DE LAGRANGE.

N° 1016. — *ARRÊTÉ qui règle la position et la solde des commissaires de police de la colonie.*

Du 2 Janvier 1862.

Nous Gouverneur de l'ile de la Réunion,

Vu l'article 49, § 3, de l'ordonnance du 21 août 1825;

Vu notre arrêté du 27 décembre 1861 sur la réorganisation du service de la police générale dans la Colonie;

Vu le rapport du Commissaire central, inspecteur chef du service de la police;

Sur la proposition du Directeur de l'intérieur et conformément à l'avis favorable du Procureur général;

Avons arrêté et arrêtons :

Art. 1er. A compter du 1er janvier courant, les frais de tournées alloués à M. Desaïfres, commissaire central, inspecteur chef du service de la police, sont portés de quinze cents à deux mille francs par an.

2. Prendront la qualification de commissaires de police de commune et jouiront comme tels, à partir du 1er janvier 1862, d'un traitement annuel de trois mille francs, les commissaires des localités dont suit la désignation :

MM. Notaise (Jacques-Philippe-Marie-Armand), commissaire de police à Sainte-Marie;

Cazeau (Michel-Théodore), commissaire de police à Salazie.

Léglise (Jean-Baptiste), commissaire de police à la Plaine des Palmistes;

Oudin (Charles–Ferdinand), commissaire de police à Sainte-Rose;

3. Jouiront en qualité de commissaires de police de canton, d'un traitement annuel de quatre mille

francs , et ce, à compter du 1er janvier 1862, les commissaires ci-après nommés et déjà en fonctions dans les cantons dont suit la désignation :

MM. Selhausen (Philippe-Alphonse), commissaire de police à Saint-André ;

Maillet (Victor-Adolphe), commissaire de police à Sainte-Suzanne ;

Choppy (Gustave), commissaire de police à Saint-Louis ;

Meslier (Maurice), commissaire de police à Saint-Leu ;

Leroy (Louis-Charles-Henri-François--Auguste), commissaire de police à Saint-Joseph.

4. Les commissaires de police du canton de Saint-Denis dont les noms suivent, jouiront , à compter du 1er janvier 1862, d'un traitement annuel de quatre mille sept cent cinquante francs et d'une indemnité de deux cent cinquante francs pour frais de bureau.

MM. Ricquebourg Champcourt (Pierre-Élie) ; Tourneux (Henri).

5. M. Bourgeaud (Joseph-Auguste--Jules) , commissaire de police de sûreté, jouira, à compter du 1er janvier 1862, d'un traitement annuel de quatre mille sept cent cinquante francs, et d'une indemnité de deux cent cinquante francs pour frais de bureau.

Il recevra en outre une somme de mille francs par an à titre d'indemnité de logement.

Il prêtera serment devant la Cour Impériale, conformément à l'article 40 de l'arrêté du 27 décembre précité.

6. Le Directeur de l'Intérieur est chargé de l'exécution du présent arrêté, qui sera publié et inséré

au *Bulletin officiel* de la Colonie.
Saint-Denis, le 2 janvier 1862.

Baron DARRICAU.

Par le Gouverneur :

Le Directeur de l'Intérieur,
CH. DE LAGRANGE.

N° 1017. — *ARRÊTÉ qui autorise un prélèvement de cent mille francs sur la Caisse de réserve.*

Du 3 Janvier 1862.

NOUS GOUVERNEUR DE L'ILE DE LA RÉUNION,

Vu l'article 9 du sénatus-consulte du 3 mai 1854 réglant la constitution des colonies ;

Vu le décret du 29 août 1855 modificatif de l'organisation du gouvernement des colonies ;

Vu les articles 44, 45 et 60 du décret du 26 septembre 1855, portant règlement sur le régime financier des colonies ;

Vu le budget des dépenses du service local pour 1862, voté par le Conseil général dans sa séance du 25 décembre 1861 et arrêté par nous, en séance du Conseil privé du 28 du dit mois ;

Considérant que l'exercice 1862, à son début, n'a point encore de recettes réalisées, et qu'en l'état, la Colonie ne peut disposer d'aucune ressource certaine pour assurer la liquidation de ses premières dépenses ;

Considérant que la situation de la Caisse de réserve offre des moyens d'obvier à cet inconvénient ;

Sur la proposition du Directeur de l'Intérieur,
De l'avis du Conseil privé,

AVONS ARRÊTÉ ET ARRÊTONS :

Art. 1er. Un prélèvement temporaire d'une somme

11e *Série.*   4 de cent mille francs est autorisé sur les fonds de la Caisse de réserve pour subvenir aux premières dépenses de l'exercice 1862. Cette somme, qui sera portée en recette au service local de l'exercice 1862 (chapitre 3, Produits divers. — Art. 28, Recettes diverses), sera réintégrée à la dite Caisse aussitôt que la situation budgétaire le permettra.

2. Le Directeur de l'Intérieur est chargé de l'exécution du présent arrêté, qui sera notifié au trésorier-payeur, enregistré partout où besoin sera, et déposé au Contrôle colonial.

Saint-Denis, le 3 janvier 1862.

Baron DARRICAU.

Par le Gouverneur:

Le Directeur de l'Intérieur,

CH. DE LAGRANGE.

Nº 1018. — *ARRÊTÉ relatif aux demandes des contribuables en décharge, réduction, remise ou modération de leurs contributions.*

Du 3 Janvier 1862.

NOUS GOUVERNEUR DE L'ILE DE LA RÉUNION,

Vu l'article 9 du sénatus-consulte du 3 mai 1854;

Vu le décret impérial du 26 septembre 1855 sur le régime financier des colonies;

Vu l'arrêté en date du 6 décembre 1861, portant règlement et instructions sur le mode de constatation et de recouvrement des contributions directes;

Sur le rapport du Directeur de l'Intérieur,

Le Conseil privé entendu,

AVONS ARRÊTÉ ET ARRÊTONS:

Art. 1er. A partir du 1er janvier 1862, les demandes des contribuables en décharge ou réduction, en remise ou modération de leurs contributions, ne seront reçues à la Direction de l'Intérieur qu'autant qu'elles seront accompagnées, à défaut d'avertissement, d'un extrait du rôle délivré par le percepteur.

2 Cet extrait, délivré par exercice, devra rappeler la date de la publication du rôle et énoncer : les nom, prénoms, profession et domicile du réclamant, la commune, l'exercice, le rôle et l'article du rôle, la nature de la contribution et le chiffre de la cote.

3. L'extrait sera délivré sur papier libre à tout contribuable qui en fera la demande au bureau du percepteur qui aura droit à une rétribution de 0 f. 25 pour chaque extrait délivré, quel que soit l'objet de la réclamation et quelle que soit la décision à intervenir sur la dite réclamation.

4. Les extraits de rôles seront délivrés gratis au Directeur de l'Intérieur qui en aura fait la demande pour affaire de service.

5. Le Directeur de l'Intérieur est chargé de l'exécution du présent arrêté, qui sera publié et enregistré partout où besoin sera.

Saint-Denis, le 3 janvier 1862.

Baron DARRICAU.

Par le Gouverneur :

Le Directeur de l'Intérieur,

CH. DE LAGRANGE.

N° 1019. — *ARRÊTÉ qui promulgue dans la Colonie le décret du 20 octobre 1861, relatif à la surtaxe de pavillon pour les sucres importés de l'Ile de la Réunion, etc., par navires étrangers.*

Du 3 Janvier 1862.

NOUS GOUVERNEUR DE L'ILE DE LA RÉUNION,
Vu l'article 9 du sénatus-consulte du 3 mai 1854 ;
Vu la dépêche ministérielle du 4 novembre 1861, n° 419 ;
Sur le rapport du Directeur de l'Intérieur,

AVONS ARRÊTÉ ET ARRÊTONS :

Art. 1er. Le décret du 20 octobre 1861, relatif à la surtaxe de pavillon pour les sucres importés de l'Ile de la Réunion, de la Martinique et de la Guadeloupe par navires étrangers, est promulgué dans la Colonie.

2. Le Directeur de l'Intérieur est chargé de l'exécution du présent arrêté, qui sera enregistré, publié et inséré au *Bulletin officiel* de la Colonie.

Saint-Denis, le 3 janvier 1862.

Baron DARRICAU.

Par le Gouverneur :

Le Directeur de l'Intérieur,

CH. DE LAGRANGE.

Décret

Impérial relatif à la surtaxe de pavillon.

NAPOLÉON par la grâce de Dieu et la volonté nationale, Empereur des Français, à tous présents et à venir, salut :

Sur le rapport de notre Ministre de l'Agriculture, du Commerce et des Travaux publics ;

Vu le traité conclu le 1er mai dernier entre la France et la Belgique ;

Vu notre décret du 24 juin dernier ;

Vu la loi du 3 juillet 1861 sur le régime commercial des colonies françaises de l'Ile de la Réunion, de la Martinique et de la Guadeloupe ;

Considérant qu'il importe, au point de vue des surtaxes de navigation, de placer les sucres importés des dites colonies par navires étrangers dans des conditions identiques à celles qui sont réservées aux sucres étrangers par notre décret du 24 juin dernier, et aux sucres d'origine belge par le traité du 1er mai 1861,

AVONS DÉCRÉTÉ ET DÉCRÉTONS ce qui suit :

Art. 1er. Les sucres importés de l'Ile de la Réunion, de la Martinique et de la Guadeloupe par navires étrangers seront, conformément aux dispositions de l'article 6 de la loi du 3 juillet 1861, et selon la provenance, soumis à une surtaxe de navigation de 30 francs et de 20 francs par tonne de 1,000 kilogrammes, décime compris.

2. Nos ministres de l'Agriculture, du Commerce et des

Travaux publics et des Finances sont chargés, chacun en ce qui le concerne, de l'exécution du présent décret.

Fait au Palais de Compiègne, le 20 octobre 1861.

NAPOLÉON.

Par l'Empereur :

Le Ministre de l'Agriculture, du Commerce et des Travaux publics,

E. ROUHER.

Vu pour l'enregistrement à la Cour impériale :

Le Gouverneur,

Baron DARRICAU.

Par le Gouverneur :

Le Procureur Général,

J. BERET.

Enregistré à la Cour impériale, le 10 janvier 1862.

N° 1020. — *ARRÊTÉ qui charge le Contrôleur colonial de la rédaction et de la publication du Bulletin officiel de la Colonie.*

Du 3 Janvier 1862.

NOUS GOUVERNEUR DE L'ILE DE LA RÉUNION,

Vu l'article 9 du sénatus-consulte du 3 mai 1854;

Vu l'arrêté du 5 décembre 1827 portant établissement d'un *Bulletin officiel* des actes administratifs de la Réunion ;

Considérant que le Contrôleur colonial, par ses enregistrements et par la communication qu'il reçoit des actes métropolitains, décisions, dépêches ministérielles et des actes administratifs de la Colonie, a tous les moyens de pourvoir à la rédaction de ce recueil officiel et de lui donner le caractère d'une collection complète et méthodique ;

Sur la proposition du Directeur de l'Intérieur;

Le Conseil privé entendu,

Avons arrêté et arrêtons :

Art. 1er. A dater du mois de janvier 1862, le Contrôleur colonial demeure chargé de la rédaction et de la publication du *Bulletin officiel* de la Colonie.

En conséquence, les pièces à insérer au *Bulletin officiel* de la Colonie, seront adressées au Contrôle, le 15 de chaque mois, pour le mois écoulé, par les soins de MM. l'Ordonnateur, le Directeur de l'Intérieur, le Procureur général et le Secrétaire du Gouvernement.

2. Les dispositions de l'arrêté du 5 décembre 1827 sont rapportées en ce qu'elles ont de contraire au présent arrêté.

3. L'Ordonnateur, le Directeur de l'Intérieur et le Procureur général sont chargés, chacun en ce qui le concerne, de l'exécution du présent arrêté, qui sera inséré au *Bulletin officiel* de la Colonie.

Saint-Denis, le 3 janvier 1862.

Baron DARRICAU.

Par le Gouverneur :

Le Directeur de l'Intérieur,

CH. DE LAGRANGE.

N° 1021. — *ARRÊTÉ qui accorde un brevet d'imprimeur à M. Henry Ozoux et le substitue à M. Riverin pour la publication du journal* La Malle.

Du 3 Janvier 1862.

Nous Gouverneur de l'île de la Réunion,

Vu l'article 42 de l'ordonnance du 21 août 1825 ;

Vu le décret du 30 avril 1852 sur le régime de la presse aux colonies ;

Vu la circulaire ministérielle du 22 novembre 1858,

Vu l'arrêté local du 27 avril 1859 portant règlement sur la presse périodique ;

Vu l'arrêté du 3 octobre 1861 qui accorde un brevet d'imprimeur au sieur Riverin (Florian) ;

Vu l'arrêté du 18 décembre 1861 qui retire au sieur Riverin son brevet d'imprimeur éditeur du journal *La Malle* ;

Vu la demande de M. Ozoux (Henry) tendant à obtenir un brevet d'imprimeur et à être substitué à M. Riverin dans les effets de l'autorisation accordée à ce dernier de publier le journal ayant pour titre *La Malle* ;

Sur le rapport du Directeur de l'Intérieur,

Le Conseil privé entendu,

Avons arrêté et arrêtons :

Art. 1er. Il est accordé un brevet d'imprimeur à M. Ozoux (Henry), qui est substitué à M. Riverin (Florian) dans les effets de l'autorisation accordée à ce dernier de publier à Saint-Denis le journal *La Malle*.

2. Avant d'entrer en fonctions, M. Ozoux (Henry) prêtera, devant le Tribunal de 1re instance de Saint-Denis, le serment prescrit par l'article 9 du décret du 5 février 1860.

3. Le Directeur de l'Intérieur est chargé de l'exécution du présent arrêté, qui sera publié et inséré au *Bulletin officiel* de la Colonie.

Saint-Denis, le 3 janvier 1862.

Baron DARRICAU.

Par le Gouverneur :

Le Directeur de l'Intérieur,

CH. DE LAGRANGE.

N° 1022. — *ARRÊTÉ qui substitue le sieur Rosset au sieur Ausset dans le titre de vétérinaire du Gouvernement.*

Du 7 Janvier 1862.

NOUS GOUVERNEUR DE L'ILE DE LA RÉUNION,

Vu l'article 10 de l'ordonnance royale du 25 août 1852;

Vu le sénatus-consulte du 3 mai 1854;

Attendu la démission du sieur Ausset de ses fonctions de vétérinaire du Gouvernement;

Vu l'arrêté du 13 avril 1848;

Sur la proposition du Directeur de l'Intérieur,

AVONS ARRÊTÉ ET ARRÊTONS ce qui suit:

Art. 1er. Le sieur Rosset (Alfred), ancien élève de l'école impériale vétérinaire d'Alfort, est investi du titre de vétérinaire du Gouvernement, en remplacement du sieur Ausset, démissionnaire.

2. Le sieur Rosset n'aura point de traitement fixe; mais il lui sera alloué, à titre de vacations et de frais de route, toutes les fois que son ministère sera requis par l'Autorité, savoir:

Pour chaque déplacement en ville, vacations. 8 f.
Pour mission à remplir hors du chef-lieu,
    frais de route par myriamètre........... 8
Vacations par jour d'absence, compris le jour
    de départ et celui d'arrivée............. 30

3. Le médecin vétérinaire est spécialement chargé de la visite à bord des navires des animaux importés dans la Colonie. Les honoraires qu'il est autorisé à percevoir dans ce cas sont fixés ainsi qu'il suit:

Frais de déplacement pour se rendre à
    bord des navires, non compris le transport...................... 10 f.

| Frais de visite | pour chaque bête de consommation............. | 0 | 50 |
| | pour chaque bête de service. | 0 | 75 |

4. Le Directeur de l'Intérieur est chargé de l'exé-

cution du présent arrêté, qui sera publié et inséré au *Bulletin officiel* de la Colonie.

Saint-Denis, le 7 janvier 1862.

Baron DARRICAU.

Par le Gouverneur:

Le Directeur de l'Intérieur,

Ch. DE LAGRANGE.

N° 1023. — *DÉCISION de l'Ordonnateur qui alloue des frais d'inhumation à l'aumônier de l'hôpital militaire.*

Du 10 Janvier 1859.

LE COMMISSAIRE DE LA MARINE ORDONNATEUR P. I.,

Vu les articles 740, 741 et 742 du règlement du 1er avril 1851 sur le service des hôpitaux militaires, relatifs, les dits articles aux cérémonies religieuses qui précèdent l'inhumation des corps et aux frais des pompes funéraires;

Attendu que par suite d'empêchement provenant de l'insuffisance des locaux et autres difficultés matérielles, les dispositions des articles précités sont restées sans application à Saint-Denis, jusqu'au mois de mai 1858, époque à laquelle les mesures nécessaires ayant été adoptées, il a été possible d'accomplir dans l'intérieur de l'hôpital militaire et de confier aux soins de l'aumônier de cet établissement les cérémonies religieuses prescrites par le rituel et qu'il y a lieu, dès lors, de déterminer, une fois pour toutes, le quantum des honoraires auxquels le dit aumônier a le droit de prétendre pour ce service;

Attendu que la disposition des lieux et le matériel de la chapelle ne permettent pas de régler la pompe des cérémonies religieuses qui s'accomplissent dans l'intérieur de l'hôpital, d'après le grade dont était pourvu le décédé ; que ces cérémonies n'ont ni plus ni moins de solennité pour l'officier que pour le marin ou le soldat, et que les prières récitées ou chantées par l'aumônier sont les mêmes pour les uns aussi bien que pour les autres,

DÉCIDE :

Il est alloué par abonnement à l'aumônier de l'hôpital militaire de Saint-Denis, pour chacune des inhumations auxquelles il procédera, et quel que soit le grade dont était pourvu le malade décédé, la somme de six francs, tous frais de sacristain, cire et autres compris.

La présente décision aura son effet à partir du 1er janvier 1859.

Saint-Denis, 10 janvier 1859.

L'Ordonnateur P. I.,
GABRIÉ.

***RAPPORT** du Directeur de l'Intérieur au Gouverneur, relatif au commerce de la boucherie.*

Saint-Denis, le 11 Janvier 1862.

Monsieur le Gouverneur,

La loi du 5 juillet dernier, qui vient de modifier le tarif des douanes aux colonies, en établissant dans de certaines limites la liberté commerciale, a ouvert au Pays des voies nouvelles d'approvisionnement, particulièrement à Madagascar.

Le moment est donc d'autant plus favorable pour réviser l'arrêté du 23 juin 1852 qui règle l'exercice du commerce de la boucherie ; arrêté qui depuis longtemps n'est plus en harmonie avec les besoins de la Colonie.

J'ai l'honneur de vous proposer de confier ce travail à une Commission composée ainsi qu'il suit :

MM. Gibert des Molières, maire de Saint-Denis, président ;

Desaïfres, inspecteur chef du service de la police ;

De Gaillande, sous-inspecteur divisionnaire des douanes ;

Mottet François, conseiller municipal ;

Buroleau, membre de la Chambre de Commerce.

Veuillez agréer, Monsieur le Gouverneur, l'assurance de mon respectueux dévouement.

Le Directeur de l'Intérieur,
CH. DE LAGRANGE.

N° 1024. — *ARRÊTÉ qui nomme une Commission pour étudier les modifications à apporter à la législation concernant le commerce de la boucherie.*

Du 13 Janvier 1862.

NOUS GOUVERNEUR DE L'ILE DE LA RÉUNION,

Vu l'article 9 du sénatus consulte du 3 mai 1854 ;

Vu l'arrêté du 23 juin 1852 qui règle l'exercice du commerce de la boucherie ;

Considérant qu'il importe de réviser l'arrêté local qui règle le commerce de la boucherie, et de le mettre en harmonie avec la législation métropolitaine des douanes, consacrée par le décret du 3 juillet 1861 ;

Sur le rapport du Directeur de l'Intérieur,

AVONS ARRÊTÉ ET ARRÊTONS :

Art. 1er. Une Commission composée de :

MM. Gibert des Molières, maire de Saint-Denis ;

Desaïfres, commissaire central inspecteur ;

De Gaillande, sous-inspecteur divisionnaire des douanes ;

MM. Mottet François, conseiller municipal;
    Buroleau, membre de la Chambre de Com-
      merce;

est nommée à l'effet d'étudier les modifications à apporter à l'arrêté du 25 juin 1852 sur le commerce
de la boucherie.

2. Le Directeur de l'Intérieur est chargé de l'exécution du présent arrêté, qui sera publié et inséré au
Bulletin officiel de la Colonie.

Saint-Denis, le 13 janvier 1862.

Baron DARRICAU.

Par le Gouverneur:

Le Directeur de l'Intérieur,
CH. DE LAGRANGE.

Nº 1025. — *ARRÊTÉ qui nomme les membres d'une
Commission chargée de rechercher le meilleur emplacement pour y établir un hospice civil.*

Du 15 Janvier 1862.

— Par arrêté du Gouverneur en date du 15 janvier 1862, une Commission est chargée de rechercher le meilleur emplacement pour y établir un hospice civil.

Cette Commission est composée de:

MM. Gibert des Molières, membre du Conseil privé,
    président;
    Nas de Tourris, conseiller général;
    Le Médecin en chef;
    L'Ingénieur en chef;
    Le Commissaire central.

N° 1026. — *ARRÊTÉ qui autorise un 2ᵉ prélèvement sur les fonds de la Caisse de réserve.*

Du 16 Janvier 1862.

Nous Gouverneur de l'ile de la Réunion,

Vu l'article 9 du sénatus-consulte du 3 mai 1854,
réglant la constitution des colonies;

Vu les articles 44, 45 et 60 du décret du 26 septembre 1855 portant règlement sur le régime financier des colonies;

Vu le budget des dépenses du service local pour
1862 voté par le Conseil général dans sa séance du
25 décembre 1861 et arrêté par nous en séance du
Conseil privé du 28 du même mois;

Considérant que l'exercice 1862, à son début,
n'a point encore de recettes réalisées et qu'il est
urgent de payer sans retard quelques-unes des dépenses prévues ou arrivées à échéance de terme;

Attendu que la somme de cent mille francs prise
à titre de prélèvement temporaire sur les fonds de
la caisse de réserve, aux termes de notre arrêté en
date du 3 de ce mois, est aujourd'hui reconnue in-
suffisante;

Sur la proposition du Directeur de l'Intérieur,
De l'avis du Conseil privé,

Avons arrêté et arrêtons:

Art. 1ᵉʳ. Un second prélèvement d'une somme de
cent mille francs est autorisé sur les fonds de la
Caisse de réserve pour subvenir aux plus pressantes
dépenses de l'exercice 1862.

2. Cette somme, comme la première, sera portée
en recette au service local (Chap. 3. — Produits divers. — Art. 28, Recettes diverses.) jusqu'au jour
où la situation budgétaire permettra sa réintégration.

3. Le Directeur de l'Intérieur est chargé de l'exécution de cet arrêté qui sera notifié au Trésorier-

payeur, enregistré partout où besoin sera et déposé au Contrôle colonial.

Saint-Denis, le 16 janvier 1862.

Baron DARRICAU.

Par le Gouverneur:
Le Directeur de l'Intérieur,
Ch. de Lagrange.

N° 1027. — *ARRÊTÉ portant institution d'emplois de lieutenant de port a Saint-Paul et à Saint-Pierre, nomination à ces emplois et obligation du serment pour les lieutenants et maîtres de port.*

Du 17 Janvier 1862.

Nous Gouverneur de l'île de la Réunion,

Vu les allocations portées au budget du service colonial à la charge de l'État, exercice 1862, pour des emplois de lieutenant de port à 4,000 francs par an, à Saint-Paul et à Saint-Pierre;

Vu la dépêche ministérielle du 13 avril 1861, n° 132;

Vu l'ordonnance de la marine du mois d'août 1861, livre IV, titre 2, article 1er; la loi du 9 — 13 août 1791, titre 3, article 10; le décret impérial du 15 juillet 1854, chapitre 4, article 12;

Vu les articles 59, 86 (§ 6), 91 et 95 de l'ordonnance organique du Gouvernement de la Réunion du 21 août 1825; et l'article 9 du sénatus-consulte du 3 mai 1854, sur la constitution des colonies;

Sur le rapport de l'Ordonnateur,

Avons arrêté et arrêtons ce qui suit:

Art. 1er. Il est institué des emplois de lieutenant de port à Saint-Paul et à Saint-Pierre.

Les titulaires de ces emplois jouiront de la solde de 4,000 francs par an.

Ils seront assermentés devant le Tribunal de 1re instance de leur résidence.

Ils rempliront les fonctions déterminées par les règlements généraux sur la matière et notamment par le livre IV, titre 2, de l'ordonnance de la marine d'août 1681, la loi du 9 — 13 août 1791, le décret du 10 mars 1807 et le décret impérial du 15 juillet 1854 portant organisation des officiers et maîtres de port dans la métropole.

Ils ont qualité pour dresser des procès-verbaux contre tous ceux qui se rendent coupables de délits ou de contraventions aux règlements dont ils sont chargés d'assurer l'exécution.

Ils sont placés sous l'autorité immédiate du capitaine de port à Saint-Denis.

Ils sont, de plus, soumis dans leur résidence à l'autorité du fonctionnaire chargé du service de la marine.

2. Sont nommés lieutenants de port :

A Saint-Paul, le sieur Germain (Louis-Ferdinand), maître de port ;

A Saint-Pierre : Germain (Charles-Mathurin), maître de port.

3. Le lieutenant de port et les maîtres de port employés à Saint-Denis, prêteront immédiatement le serment exigé par les lois et ordonnances sus-énoncées, devant le Tribunal de 1re instance de la dite ville.

4. L'Ordonnateur et le Procureur général sont chargés, chacun en ce qui le concerne, de l'exécution du présent arrêté, qui sera enregistré partout où besoin sera et inséré au *Moniteur* et au *Bulletin officiel* de la Colonie.

Saint-Denis, le 17 janvier 1862.

Baron DARRICAU.

Par le Gouverneur :

L'Ordonnateur,

DESMAZES.

**N° 1028. — *ARRÊTÉ qui fixe les limites entre les 3°
et 4° circonscriptions des milices de Saint-Louis.***

Du 22 Janvier 1862.

— Par arrêté du Gouverneur en date du **22 janvier 1862**, les limites entre les 3° et 4° circonscriptions des milices de Saint-Louis seront à l'avenir : le
Bras Danier (ou ravine d'Évrin), se prolongeant à
l'Est jusqu'au point où cette ravine touche le chemin
de concession Payet et Hoareau, en descendant en-
suite à la rencontre du ruisseau. Ce dernier servira de
limite jusqu'au point où aboutit le chemin dit de Bel-
lecombe. À ce point, la limite s'étendra vers l'Est,
en suivant le même chemin, jusqu'à celui des deux
Payet (ou Payet et Hoareau), ayant la palissade
pour base.

L'arrêté du 31 octobre 1861 est rapporté.

**N° 1029. — *ARRÊTÉ portant défense aux cantiniers,
débitants et autres, de vendre des spiritueux ou autres boissons aux disciplinaires de l'armée.***

Du 29 Janvier 1862.

Nous Gouverneur de l'île de la Réunion,

Vu l'article 9 du sénatus-consulte du 3 mai 1854 ;
Vu la dépêche ministérielle du 15 septembre 1860,
n° 254 ;
Sur la proposition du Directeur de l'Intérieur,
Le Conseil privé entendu,

Avons arrêté et arrêtons :

Art. 1ᵉʳ. Il est expressément défendu aux cantiniers, débitants et autres, de vendre, sous quelque
prétexte que ce soit, des spiritueux ou boissons quel-
conques aux disciplinaires de l'armée, à moins qu'ils

ne soient accompagnés d'un sous-officier, sous peine d'un emprisonnement de cinq jours et de cinquante francs d'amende.

2. Le Directeur de l'Intérieur et le Procureur général sont chargés, chacun en ce qui le concerne, de l'exécution du présent arrêté qui sera publié et inséré au *Bulletin officiel* de la Colonie.

Saint-Denis, le 29 janvier 1862.

Baron DARRICAU.

Par le Gouverneur :

Le Directeur de l'Intérieur,
CH. DE LAGRANGE.

Enregistré à la Cour impériale, le 7 février 1862.

————◦≺≋≻◦————

Nº 1030. — *ARRÊTÉ qui érige la prison municipale de Saint-Pierre en maison d'arrêt et de justice.*

Du 29 Janvier 1862.

NOUS GOUVERNEUR DE L'ILE DE LA RÉUNION,

Vu l'article 63 de l'ordonnance organique du 21 août 1825;

Vu l'article 9, § 2, du sénatus-consulte du 3 mai 1854;

Vu l'arrêté du 10 mai 1848, concernant les prisons de la Colonie;

Considérant qu'en présence de l'installation du Tribunal de première instance à Saint-Pierre, il y a lieu d'établir dans cette localité une maison d'arrêt et de justice et de déterminer les catégories de condamnés qui pourront être détenus dans cette prison;

Sur le rapport du Directeur de l'Intérieur et du Procureur général,

Le Conseil privé entendu,

Avons arrêté et arrêtons :

Art. 1ᵉʳ. La prison précédemment municipale de Saint-Pierre est provisoirement érigée en maison d'arrêt et de justice.

2. Le personnel de cette maison d'arrêt se compose d'un concierge et d'un guichetier, dont les attributions sont définies au chapitre II de l'arrêté du 10 avril sus-visé.

3. Le traitement annuel du concierge est fixé à 2,000 francs, et à 1,200 francs celui du guichetier.

4. Les prévenus de toutes catégories, les prisonniers pour dettes du 2ᵉ arrondissement judiciaire, les condamnés à la prison par jugement de simple police du canton de Saint-Pierre et des autres cantons de l'arrondissement où il n'existe pas de prisons municipales, seront écroués à la maison d'arrêt de Saint-Pierre.

5. Continueront à être dirigés sur Saint-Denis les condamnés aux travaux forcés et les correctionnels, et sur la maison centrale de Saint-Paul, les condamnés réclusionnaires du 2ᵉ arrondissement judiciaire.

6. Le Directeur de l'Intérieur et le Procureur général sont chargés, chacun en ce qui le concerne, de l'exécution du présent arrêté, qui sera publié et inséré au *Bulletin officiel* de la Colonie.

Saint-Denis, le 29 janvier 1862.

Baron DARRICAU.

Par le Gouverneur :

Le Directeur de l'Intérieur,
Ch. de Lagrange.

Le Procureur Général,
Justin Beret.

N° 1031. — *ARRÊTÉ portant modifications à l'arrêté du 24 décembre 1860 sur l'organisation du service de la poste.*

Du 29 Janvier 1861.

Nous Gouverneur de l'ile de la Réunion,

Vu l'article 9, § 2, du sénatus-consulte du 3 mai 1854 qui règle la constitution des colonies ;

Vu la dépêche ministérielle du 19 avril 1861, n° 150, approuvant, sous la réserve de quelques observations, l'arrêté du 24 décembre 1860 portant organisation du service de la Poste, et prescrivant d'introduire divers changements dans les dispositions qu'il renferme ;

Vu la dépêche ministérielle du 16 mai 1861, n° 184, relative à la taxe des correspondances échangées entre les colonies par l'intermédiaire de la France ;

Sur les propositions du Chef du service des contributions ,

Sur le rapport du Directeur de l'Intérieur,

Le Conseil privé entendu,

Avons arrêté et arrêtons :

Art. 1ᵉʳ. La rédaction suivante est substituée à celle des articles 17, 20, 31, 33, 52, 60, 61, 66 et 86 de l'arrêté du 24 décembre 1860, modifié ainsi qu'il suit :

Art. 17, § 3. Le timbre du bureau d'origine sera frappé sur la suscription des lettres ; le timbre de destination et celui de passage seront frappés au dos de ces lettres.

Art. 20. Le port de toute lettre non affranchie devra être acquitté à l'instant de sa remise, à moins que la personne à qui elle est adressée ne la refuse lors de sa présentation , et avant de l'avoir décachetée ;

Ce refus sera immédiatement consigné au dos de la lettre.

Art. 31. Les avis divers, imprimés, gravés, lithographiés ou autographiés, tels que prospectus, lettres de faire part, cartes de visite, etc. etc., circulant sous bandes ou sous enveloppes non fermées, dans l'intérieur de la Colonie, sont soumis à une taxe de 0 fr. 05 c. par chaque feuille ou exemplaire du poids de 10 grammes ou au-dessous, avec une augmentation de 0 fr. 01 c. par chaque 5 grammes ou portion de 5 grammes excédant.

Art. 55. Les journaux, recueils, annales, mémoires et bulletins périodiques, les imprimés gravés, lithographiés ou autographiés, ceux qui seront consacrés aux arts et sciences et à l'industrie, publiés et circulant dans la Colonie, sont soumis à une taxe de 0 fr. 02 c. par chaque paquet du poids brut de 40 grammes et au-dessous. Cette taxe est augmentée de 0 fr. 01 c. par chaque 20 grammes ou portion de 20 grammes excédant ;

Les objets ci-dessus désignés venant de France, des colonies françaises, de l'Inde et de Madagascar, et circulant de bureau à bureau dans l'intérieur de la Colonie, après avoir subi des transformations d'adresse, sont soumis à une taxe de 0 fr. 02 c. par chaque paquet du poids brut de 40 grammes ou au-dessous, augmentée de 0 fr. 01 c. par chaque 20 grammes ou portion de 20 grammes excédant.

Art. 52. Le Gouverneur jouit de la franchise illimitée pour toutes les lettres et paquets en circulation dans l'intérieur de l'île ou ceux qui, originaires ou à destination de l'extérieur, sont acheminés soit par des navires de commerce, soit par des bâtiments de l'État ;

Cette franchise lui est également accordée pour toutes les lettres ou paquets revêtus de son contreseing, envoyés à l'intérieur de la Colonie ;

L'exemption de la taxe postale n'est pas accordée à la correspondance expédiée ou reçue par la voie des paquebots britanniques.

Art. 61. Pour la recherche des contraventions précisées, les employés des Contributions et des Postes, les employés des Douanes, les officiers de Police judiciaire et les agents de la force publique sont autorisés à faire toutes perquisitions et saisies de lettres sur les conducteurs de voitures et autres agents d'entreprise de transports. Il sera dressé procès-verbal de la saisie, lequel contiendra l'énumération des lettres et paquets portés en fraude des droits de poste, ainsi que la désignation de leur adresse. Copie de ce procès-verbal sera remise, avec les lettres et paquets saisis, au bureau de la poste le plus voisin du lieu de la saisie. Ces lettres et paquets ne pourront être renvoyés que par réclamation et à la charge de payer la double taxe.

Art. 86. Conformément aux dispositions de la loi métropolitaine du 16 octobre 1849, rendue applicable à la Colonie par le décret du 22 janvier 1852, qui a été promulgué par arrêté du 6 mai de la même année, la fraude en matière de timbres-postes, c'est-à-dire l'emploi sciemment fait, la vente ou tentative de vente de timbres-postes ayant déjà servi, est punie d'une amende de 50 à 1,000 francs; en cas de récidive, la peine est d'un emprisonnement de cinq jours à un mois, et l'amende est portée au double.

2. Le Directeur de l'Intérieur est chargé de l'exécution du présent arrêté, qui sera publié, enregistré partout où besoin sera, et déposé au Contrôle colonial.

Saint-Denis, le 29 janvier 1862.

Baron DARRICAU.

Par le Gouverneur :

Le Directeur de l'Intérieur,
CH. DE LAGRANGE.

N° 1032. — *ARRÊTÉ portant augmentation de l'indemnité de déplacement accordée aux magistrats délégués pour la tenue des assises de l'arrondissement Sous-le-Vent.*

Du 29 Janvier 1862.

Nous Gouverneur de l'ile de la Réunion,

Vu l'article 9, § 2, du sénatus-consulte du 3 mai 1854 ;

Vu le décret du 6 janvier 1857, et l'arrêté du 19 novembre 1861 ;

Vu l'arrêté local du 3 septembre 1830, et adoptant ses motifs ;

Vu la décision du Gouverneur en Conseil privé du 24 janvier 1854 ;

Considérant que la translation du Tribunal et de la Cour d'assises de l'arrondissement Sous-le-Vent, de Saint Paul à Saint-Pierre, rend nécessaire d'augmenter, dans des proportions convenables, l'indemnité accordée aux membres de la Cour impériale délégués pour la tenue des assises de l'arrondissement Sous-le-Vent ;

Sur le rapport et la proposition du Procureur général,

Le Conseil privé entendu,

Avons arrêté et arrêtons ce qui suit :

Art. 1er. L'indemnité précédemment accordée aux magistrats délégués pour la tenue des assises de l'arrondissement Sous-le-Vent est élevée à *quatre cent quatre-vingts* francs pour le Président des assises et à *quatre cents* francs pour les conseillers, le substitut du Procureur général et le greffier de la Cour impériale.

2. Lorsque le Procureur général jugera convenable de se rendre aux assises de Saint-Pierre, l'indemnité qui lui sera accordée est fixée à *cinq cents* francs.

3. Le Procureur général et l'Ordonnateur sont chargés, chacun en ce qui le concerne, de l'exécution du présent arrêté, qui sera enregistré où besoin sera.

Fait à Saint-Denis, le 29 janvier 1862.

Baron DARRICAU.

Par le Gouverneur:

Le Procureur Général,

JUSTIN BERET.

N° 1033. — *ARRÊTÉ qui fixe le traitement à allouer au Chef du service de l'Enregistrement et des Domaines.*

Du 29 Janvier 1862.

— Par arrêté du Gouverneur, en date du 29 janvier 1862,

Le traitement et les accessoires alloués à M. Échernier, chef du service de l'Enregistrement et des Domaines, sont fixés à onze mille francs par an, à compter du 1er janvier 1862.

N° 1034. — *ARRÊTÉ portant allocation de subventions à diverses communes pour secours aux malades et indigents.*

Du 31 Janvier 1862.

NOUS GOUVERNEUR DE L'ILE DE LA RÉUNION,

Vu l'article 11 de la loi du 24 avril 1833 ;

Vu le budget des dépenses facultatives du service local pour l'année 1861 ;

Vu l'arrêté du 23 août 1860, qui accorde une subvention de 4,000 francs à la commune de Saint-Paul, de 3,000 francs à celle de Saint-Pierre et de 3,000 francs à celle de Saint-Benoit, pour les établissements de secours destinés aux vieillards, infirmes et indigents, etc. ;

Vu le compte-rendu de l'emploi de ces sommes pendant l'année 1860 ;

Sur le rapport du Directeur de l'Intérieur,

Le Conseil privé entendu,

AVONS ARRÊTÉ ET ARRÊTONS :

Art. 1er. Il est alloué à la commune de Saint-Paul une subvention de 4,500 francs pour secours aux malades et indigents de Saint-Leu et de Saint-Paul ;

A la commune de Saint-Pierre 4,000 francs pour ceux de Saint-Joseph, Saint-Louis, Saint-Philippe et Saint-Pierre ;

A la commune de Saint-Benoit 2,500 francs pour ceux de Sainte-Rose, Saint-André et Saint-Benoît.

Ces dépenses seront imputées sur le crédit de 35,000 francs ouvert au budget des dépenses facultatives de 1861 (subvention aux communes pour l'entretien des vieillards, des infirmes, etc.).

2. Ces sommes seront mises à la disposition des Maires des sus-dites communes, à condition de ne leur donner aucun autre emploi que celui qui leur est spécialement assigné et dont il sera rendu compte mensuellement au Directeur de l'Intérieur.

Les communes de Saint-Paul, Saint-Pierre et Saint-Benoit ne pourront avoir chacune à leur hospice que le nombre de lits que la subvention qui leur est accordée leur permettra d'y entretenir ; s'il en était autrement, l'excédant de la dépense resterait à leur charge.

3. Le Directeur de l'Intérieur est chargé de l'exécution du présent arrêté, qui sera publié, enregistré partout où besoin sera et inséré au *Bulletin officiel* de la Colonie.

Saint-Denis, le 31 janvier 1862.

Baron DARRICAU.

Par le Gouverneur :

Le Directeur de l'Intérieur,

CH. DE LAGRANGE.

Nº 1055. — *ARRÊTÉ qui autorise la commune de Saint-Louis à accepter le don d'un terrain.*

Du 31 Janvier 1862.

Nous Gouverneur de l'ile de la Réunion,

Vu l'article 9 du sénatus-consulte du 3 mai 1854;

Vu l'article 37 de l'ordonnance organique du 21 août 1825 ;

Vu l'article 64 de l'arrêté du 12 novembre 1848 sur l'organisation municipale ;

Vu la délibération du Conseil municipal de la commune de Saint-Louis, en date du 5 août 1861, par laquelle il demande l'autorisation d'accepter de M. Le Coat de Kvéguen et de Mme la Marquise de Trévise le don d'un terrain situé dans la dite commune et destiné à servir de cimetière à la paroisse Saint-Dominique (Étang-Salé);

Sur le rapport du Directeur de l'Intérieur,

Le Conseil privé entendu,

Avons arrêté et arrêtons :

Art. 1ᵉʳ. La commune de Saint-Louis est autorisée à accepter de M. Le Coat de Kvéguen et de Mme la Marquise de Trévise le don d'un terrain dont le plan est ci-annexé, de la contenance d'un hectare soixante-quinze ares trente-cinq centiares et destiné à servir de cimetière à la paroisse Saint-Dominique (Étang-Salé).

2. Le Directeur de l'intérieur est chargé de l'exécution du présent arrêté, qui sera enregistré où besoin sera et inséré au *Bulletin officiel* de la Colonie.

Saint-Denis, le 31 janvier 1862.

Baron DARRICAU.

Par le Gouverneur :

Le Directeur de l'Intérieur,

CH. DE LAGRANGE.

N° 1036. — *ARRÊTÉ qui promulgue dans la Colonie le décret impérial du 28 novembre 1861, qui nomme M. Caillot juge de paix à Saint-Paul, et M. Magny juge de paix à Saint-Pierre.*

Du 31 Janvier 1862.

Nous Gouverneur de l'ile de la Réunion,

Vu l'article 9, § 2, du sénatus-consulte du 3 mai 1854;

Vu l'article 63 de l'ordonnance organique du 21 août 1825;

Sur le rapport du Procureur général,

Avons arrêté et arrêtons ce qui suit :

Art. 1er. Est promulgué dans la Colonie le décret impérial du 28 novembre 1861, qui nomme M. Caillot juge de paix à Saint-Paul, et M. Magny juge de paix à Saint-Pierre.

2. Le Procureur général est chargé de l'exécution du présent arrêté qui sera publié et enregistré partout où besoin sera.

Fait à Saint-Denis, le 31 janvier 1862.

Baron DARRICAU.

Par le Gouverneur :

Le Procureur Général,

Justin Beret.

Enregistré à la Cour impériale, le 1er février 1862.

Décret.

NAPOLÉON par la grâce de Dieu et la volonté nationale, Empereur des Français, à tous présents et à venir, salut :

Sur le rapport de notre Ministre Secrétaire d'État au département de la Marine et des colonies ;

Avons décrété et décrétons ce qui suit:

Art. 1er. Sont nommés:

Juge de paix de Saint-Paul (Réunion), M. Caillot, juge de paix de Saint-Pierre, en remplacement de M. Bruniquel, décédé.

Juge de paix de Saint-Pierre (Réunion), M. Magny, suppléant au même siége, en remplacement de M. Caillot, nommé juge de paix à Saint-Paul.

2. Notre Ministre Secrétaire d'État au département de la Marine et des colonies est chargé de l'exécution du présent décret.

Fait à Compiègne, le 28 novembre 1861.

NAPOLÉON.

Par l'Empereur:

Le Ministre Secrétaire d'État de la Marine et des colonies,

Comte P. de Chasseloup-Laubat.

Pour ampliation:

Le Chef du cabinet,

Jules de Larbre.

Vu pour l'enregistrement à la Cour impériale:

Le Gouverneur,

Baron DARRICAU.

Par le Gouverneur:

Le Procureur Général,

J. Beret.

N° 1037. — *MERCURIALE des denrées et productions coloniales, d'après laquelle la Douane aura à percevoir les droits de sortie pendant le mois de janvier 1862.*

NATURE DES DENRÉES ET DES PRODUC- TIONS DE L'ILE DE LA RÉUNION.	ESPÈCE des unités.	PRIX. F. C.
Denrées coloniales.		
Café..........................	les 100 kil.	160 »
Cacao.........................	id.	100 »
Épices diverses.. { Pimens.... / Ravensara . }	id.	100 »
Girofle (clous de)................	id.	60 »
Girofle (griffes de)	id.	15 »
Macis.........................	id.	225 »
Muscades......................	id.	100 »
Miel de toute sorte...............	le litre	1 75
Vanille........................	le kilogram.	110 »
Sucre brut (prix moyen)...........	les 100 kil.	52 »
Sucre de sirop exportable à l'étranger...	id.	15 »
Pommes de terre et oignons..........	id.	15 »
Légumes secs...................	id.	25 »
Produits industriels.		
Chocolat...	id.	250 »
Huile essentielle de girofle..........	le litre	3 »
Sacs de vacoa..	les 100 sacs	20 »

Fait à Saint-Denis, le 10 janvier 1862.

Les Membres de la Commission présents,

Signé : BRIENNE, directeur, BERTHO, HUSSON, LHUILIER, CARTIER et GAMIN.

Approuvé en séance du Conseil privé, le 29 janvier 1862.

Le Gouverneur,
Baron DARRICAU.

Par le Gouverneur :

Le Directeur de l'Intérieur,
CH. DE LAGRANGE.

N° 1038. — *MERCURIALE des marchandises étrangères, d'après laquelle la Douane aura à percevoir les droits d'entrée pendant le mois de janvier 1862.*

DÉSIGNATION DES MARCHANDISES.	UNITÉS.	PRIX.	DROITS	
			par navires français.	par navires étrangers.
		f. c.		
Tortues { des Séchelles....	Le kilog.	75	exempt	10 %
Tortues } de Madagascar...	La tête	1	Id.	Id.
Gibier, volailles...........	Id.	1 25	Id.	Id.
Dindons et poules d'Inde..	Id.	5	Id.	Id.
Oies...................	Id.	4	Id.	Id.
Canards................	Id.	2	Id.	Id.
Laine en masse pour matelas	Le kilog.	2	20 %	30 %
de jonc et d'écorce......	La pièce	3	6 %	10 %
Nattes pour parquets en rotin....	Le m. carré	6	Id.	Id.
Nattes pour parquets en bambou ..	Id.	4	Id.	Id.
Nattes Persiennes en rotin.....	Id.	6	6 %	Id.
Nattes Persiennes en bambou...	Id.	4	Id.	Id.
Nattes fines...............	La pièce	2	Id.	Id.
Nattes communes...........	Id.	1	Id.	Id.
Vannerie. — Paniers en rotin à linge...............	Id.	12	Id.	Id.
Chaudières de fonte et de potin...............			15 %	25 %
Moulins à égrener.........			Id.	Id.
Pompes en bois non garnies.			Id.	Id.
Voitures à quatre roues riches.....	Id.	3500	20 %	30 %
Voitures à quatre roues ordinaires.	Id.	2500	Id.	Id.
Cabriolets riches.........	Id.	1500	Id.	Id.
Cabriolets ordinaires.....	Id.	1000	Id.	Id.
Objets de collection.......	Id.		1 %	2 %
Babarets en bois laqué, avec dessins en or, du Japon.	Id.		12 %	prohib.
Balais en crins de coco, manche bambou.........	La douzaine	18	Id.	Id.
Bateaux chinois, en racine de bambou, avec sculptures représentant personnages.........	La pièce	30	Id.	Id.
Bateaux en ivoire, représentant les bateaux de plaisance des Chinois........	Id.	100	Id.	Id.
Bandèges en bambou peint.	Le jeu de 3	9	Id.	Id.
Boîtes à whist et jetons en ivoire sculpté 1re qualité	La boîte	50	Id.	Id.
Boîtes à whist et jetons en ivoire sculpté 2e idem.	Id.	20	Id.	Id.
Boîtes en bois rouge, laquinées, avec sculptures (petites ou moyennes)...	Id.	15	Id.	
Boîtes de coquilages......	Id.	5	Id.	
Boîtes à insectes, cadre en verre, contenant toutes				Id.
				Id.

DÉSIGNATION DES MARCHANDISES.	UNITÉS.	PRIX.	DROITS	
			par navires français.	par navires étrangers.
		f. c.		
sortes d'insectes.........	La boîte		12 %	prohib.
Boîtes recouvertes d'un tissu de soie, contenant peintures, pinceaux, etc.......	Id.	15	Id.	Id.
Boîtes jeux d'enfants, en carton ou bois peint, contenant petits instruments en cuivre, etc..........	Id.	12 50	Id.	Id.
Boîtes à mouchoirs, en bois laqué, dessins de personnages et de fleurs en or...	Id.	15	Id.	Id.
Boîtes à thé en bois laqué, dessins, etc. ordinaires.		10		
à 2 compartiments, riches...	Id.	35	Id.	Id.
à 4 compartiments.	Id.	50	Id.	Id.
Boîtes à ouvrage, en bois laqué, dessins en or sur or, garnis en ivoire ou en os.	Id.	60	Id.	Id.
Boîtes communes à ouvrage.	Id.	20	Id.	Id.
Boîtes à cigares, en bois laqué, dessins en or sur or, l'intérieur garni d'une boîte en plomb...........	Id.	6	Id.	Id.
Boîtes à jeu, en bois laqué, dessins en or sur or.......	Id.	45	Id.	Id.
Boîtes à tabac à fumer, en cuivre, avec incrustations de nacre du Japon.......	Id.	20	Id.	Id.
Boîtes à priser, en cuivre, avec incrustations de nacre du Japon..............	Id.	20	Id.	Id.
Boîtes à francs-maçons, cadres en bois avec incrustations de nacre du Japon..	Id.	60	Id.	Id.
Albums de 12 feuilles....		18	Id.	Id.
de 24 feuilles....		30	Id.	Id.
Boîtes contenant 10 tasses en bois, bois laqué, servant de tasses à thé, avec incrustations de nacre du Japon..................	Id.	30	Id.	Id.
Bonnets de mandarins, toques en velours, garnis en soie, boutons de diverses couleurs................	La pièce	5	Id.	Id.
Cabarets en laque rouge...	Id.	10	Id.	Id.
Cabinets pour enfants, petites armoires à tiroirs, en				

DÉSIGNATION DES MARCHANDISES.	UNITÉS.	PRIX.	DROITS	
			par navires français.	par navires étrangers
bois laqué, avec dessins en or................	La pièce	f. c. 40	12 %	prohib.
Cages à oiseaux en rotin très fin imitant le fil de fer....	Le jeu de 4	10	Id.	Id.
Chapelets noirs faits en noix de coco du Japon........	La pièce	10	Id.	Id.
Cahiers en ivoire, peints, représentant figures et costumes chinois..........			Id.	Id.
Casse-têtes, en bois de sandal, en os ou en ivoire...	Id.	5	Id.	
Cassettes incrustées de pierres de Nankin, représentant des personnages, etc....	Id.	125	Id.	Id.
Colliers en bois de sandal..	Le kilog.	20	Id.	Id.
Corbeilles à pain, en bois laqué, avec dessins en or............... { laque noire.	Le jeu de 3	12	Id.	Id.
{ laque rouge.	Id.	25	Id.	Id.
Couverts chinois, composés du couteau, des 2 bâtons et de cure-dents en os ou en ivoire...............	La pièce	2 50	Id.	Id.
Couteaux à beurre, en ivoire ou en nacre, manche sculpté,...............	Id.	7 50	Id.	Id.
Cuillers à thé, en bois laqué, avec incrustations en nacre du Japon..........	Id.	1	Id.	Id.
Cuillers à moutarde, en nacre ou en ivoire........	Id.	2	Id.	Id.
Echiquiers en bois laqué, dessins en or sur or......	Id.	12 50	Id.	Id.
Ecrans en plumes coloriées et à manche d'ivoire......	Id.	6	Id.	Id.
Ecrans en tissus de soie, manche en ivoire sculpté.	Id.	10	Id.	Id.
Encre chinoise............	Les 6 bât.	5	Id.	Id.
Encriers en bois laqué, avec dessins en or..........	La pièce	10	Id.	Id.
Enseignes en bois laqué, avec dessins en or......	Id.	200	Id.	Id.
Etuis en ivoire sculpté, représentant personnages. { petits..	Id.	1	Id.	Id.
{ grands.	Id.	5	Id.	Id.
Eventails de toutes sortes, avec dessins en or sur or. { en os.....	Id.	5	Id.	Id.
{ en plumes.	Id.	8	Id.	Id.
{ en laque..	Id.	12	Id.	Id.
{ en sandal.	Id.	15	Id.	Id.
{ en ivoire..	Id.	20	Id.	Id

DÉSIGNATION DES MARCHANDISES.	UNITÉS.	PRIX.	DROITS	
			par navires français.	par navires étrangers.
Feuilles de bétel peintes et représentant fleurs, oiseaux, personnages, etc.	La boîte	f. c. 6	12 °/₀	prohib.
Feuilles de papier de riz peintes, représentant fleurs, oiseaux, personnages, etc.	Le c. de 12 f.	25	Id.	Id.
Fiches en ivoire et en nacre.	Le jeu	50	Id.	Id.
Fleurs en ivoire..........	La d. de pots	75	Id.	Id.
Jeux d'échecs en ivoire ou en os, simples, non montés sur boules..........	Le jeu	15	Id.	Id.
Jeux d'échecs en ivoire, montés sur boules en ivoire les unes dans les autres.	Id.	80	Id.	Id.
Jeux d'échecs en ivoire (1ʳᵉ grandeur), dits montres.	Id.	400	Id.	Id.
Jeux de fiches en nacre, avec dessins imprimés ou sculptés..................	Id.	25	Id.	Id.
Jeux de bagues en os ou en ivoire.................	Id.	3	Id.	Id.
Jeux diablotins en os ou en ivoire.................	Id.	3	Id.	Id.
Joss-tick, allumettes composées de sciure de bois et colle de fiente de vache ..	Le kilog.	2 50	Id.	Id.
Joss-tick à odeur sandal, allumettes composées de sciure de bois de sandal et colle de fiente de vache..	Id.	5	Id.	Id.
Instruments de musique (espèce de guitare)........	La pièce	4	Id.	Id.
Espèce de fauteuils à tiroirs en bambou.............	Id.	30	Id.	Id.
Lanternes chinoises en tissu de soie extrêmement léger, peintures diverses, carrées.	Id.	20	Id.	Id.
rondes.	Id.	5	Id.	Id.
Malles en carton, composition carton peint et verni imitant le cuir..........	Le jeu de 5	40	Id.	Id.
Malles de camphre, en bois de camphre, recouvertes en cuir, pour la conservation des habits et du linge..................	Id.	200	Id.	Id.
Malles de camphre, en bois de camphre, avec coins en cuivre, sans cuir........	Id.	150	Id.	Id.

DÉSIGNATION DES MARCHANDISES.	UNITÉS.	PRIX.	DROITS	
			par navires françnis.	par navires étrangers.
		f. c.		
Mousse du Japon..........	Le kilog.	13	12 %.	prohib.
Paniers en écaille travaillée à jour	La pièce	70	Id.	Id.
Paniers à linge , en petit rotin fendu en plusieurs parties..................	Le jeu de 3	30	Id.	Id.
Parapluies chinois en papier peint et huilé , manches bambou............... .	La pièce	3	Id.	Id.
Paravents , bordure en laque , fond en papier... .	Id.	60	Id.	Id.
Petits bateaux faits en noix de coco , et représentant les bateaux des Tancadaires......	Id	5	Id.	Id.
Peignes en écaille (grands et petits)...............	Id.	5	Id.	Id.
Petits magots en pierre tendre et propres à détacher la soie......	Id.	2	Id.	Id.
Petits animaux en plâtre peint.................	Les mille	50	Id.	Id.
Petits garde-manger, l'extérieur garni de paille du Japon..................	La pièce	25	Id.	Id.
Persiennes en rotin très fin, dessins de toutes sortes..		4	Id.	Id.
Peintures sur papier de riz.	La feuille	2 50	Id.	Id.
Petits plateaux pour bouteilles, en bois laqué, dessins en or...............	La pièce	2	Id.	Id.
Pipes chinoises , tuyaux en bambou et rotin , pipes composition étain , cuivre, etc....................	Id.	2	Id.	Id.
Plateaux pour plats , en rotin tissé très fin........	Le jeu de 4 ou 5	5	Id.	Id.
Plateaux pour plats , en bois laqué avec dessins en or sur or.................	Id.	60	Id.	Id.
Porte-cartes de visites en écaille imprimée et incrustée , intérieur garni en soie...................	La pièce	10	Id.	Id.
Porte-cartes de visites en ivoire sculpté..........	Id,	10	Id.	Id.
Porte-cartes de visites en nacre plaquée et incrustée.	Id	5	Id.	Id.
Porte-cartes en laque , avec dessins en or sur or......	Id		d.	Id

8

DÉSIGNATION DES MARCHANDISES.	UNITÉS.	PRIX.	DROITS par navires français.	par navires étrangers.
Porte-montres en bois laqué et dessins or sur or......	Le jeu de 4 ou 5	8	12 %.	prohib.
Porte-joss-tick, sorte de bateaux en bois laqué contenant allumettes, intérieur garni de plomb.........	Id.	3	Id.	Id.
Porte-éventails en carton, extérieur garni en soie brodée...............	Id.	2	Id.	Id.
Porte-tabac en carton, extérieur garni en soie brodée....................	Id.	5	Id.	Id.
Porte-cigares { communs.	La pièce	3	Id.	Id.
Porte-cigares { fins......	Id.	10	Id.	Id.
Poupées représentant des petits Japonais..........	Id.	5	Id.	Id.
Pupitres en bois laqué, dessins en or sur or.. { pour dames..	Id.	30	Id.	Id.
{ pour hommes.	Id.	50	Id.	Id.
Pupitres en bois de racine, garniture extérieure en cuivre.................	Id.	60	Id.	Id.
Sacoches en ivoire, porte-flacons d'odeurs sculptés à jour....	Id.	20	Id.	Id.
Semainiers en ivoire, travaillés à jour et sculptés..	Id.	100	Id.	Id.
Semainiers en bois de sandal, avec incrustations riches..................	Id.	75	Id.	Id.
Semainiers en bois laqué avec incrustations riches.	Id.	12 50	Id.	Id.
Souliers chinois imitant les pieds des femmes chinoises, faits en plâtre et recouverts de soie.........	La paire	5	Id.	Id.
Tables en bambou........	Le jeu de 6	10	Id.	Id.
Tabatières en écaille, avec incrustations représentant personnages............	La pièce	30	Id.	Id.
Tables-guéridons en bois laqué, dessins or sur or. Les tables entrent les unes dans les autres.........	Le jeu de 4	50	Id.	Id.
Tables à échiquier, avec dessins or très riches, garnies de nacre, pour les jetons..	La pièce	225	Id.	Id.
Tables à thé, en bois laqué, dessins en or sur or......	Id.	60	Id.	Id.

DÉSIGNATION DES MARCHANDISES.	UNITÉS.	PRIX.	DROITS	
			par navires français.	par navires étrangers
		f. c.		
Tables à ouvrage, en bois laqué, dessins or sur or..... (1re qualité.	La pièce	175	12 %	prohib.
2e idem..	Id.	100	Id.	Id.
Tableaux, intérieurs chinois, peintures sur toile représentant personnages, etc.....................	Id.	20	Id.	Id.
Tableaux, vues de Canton, Macao, Boca, Tigris, etc., peintures sur toile.......	Id.	20	Id.	Id.
Tableaux, paysages chinois.	Id.	20	Id.	Id.
Tableaux sur verre, encadrement en bois sculpté..	Id.	10	Id.	Id.
Tableaux en paille de couleur, cadres en bois laqué du Japon..............	Id.	125	Id.	Id.
Vide-poches en écaille ou ivoire, sculptés à jour....	La paire	30	Id.	Id.
Toiles et percales blanches et écrues.... Conjons Nos 14	La pièce de 31 à 33 mètres et au-dessous.	22	20 %	Id.
16		22	Id.	Id.
18 et 19		22	Id.	Id.
23		30	Id.	Id.
26		30	Id.	Id.
30		40	Id.	Id.
36		50	Id.	Id.
Ecrues.....	La p. de 15 à 16 m.	7	Id.	Id.
Filature blanche et écrue..	Id.	6	Id.	Id.
Salem-poor..............	Id.	7	Id.	Id.
Percale bleue, dite *sandercana*.....................	La p. de 8m et au-dessous.	4 50	Id.	Id.
Percale bleue ordinaire....			Id.	Id.
Toiles à carreaux..........	La p. de 15 à 16 m.	5	Id.	Id.
Mouchoirs dits *burgos*.....	La p. de 8 m.	2	Id.	Id.
Pantalons et chemises de toile grossière, servant au vêtement des travailleurs.	La pièce	1 50	Id.	Id.
Toiles à voiles, de coton...	Le mètre	0 70	Id.	Id.
Guinées ou toiles bleues (Filature.....	La p. de 15 à 16 m.	12 50	12 %	Id.
Salem.......	Id.	8	Id.	Id.
Oréarpoléon.	Id.	8	Id.	Id.
Conjons.....	Id.	10	11	Id.
Meubles.. (Fauteuils à dossier renversé, de Pondichéry.	La pièce	20	10 %	Id.
Fauteuils droits	Id.	15	Id.	Id.
Chaises........	Id.	6	Id.	Id.

DÉSIGNATION DES MARCHANDISES.	UNITÉS.	PRIX.	DROITS	
			par navires français.	par navires étrangers.
		f. c.		
Tabourets.................	La pièce	4	10 °/₀	prohib.
Jouets d'enfants...........	Id.		Id.	Id.
Pantoufles de Pondichéry..	La paire	40	12 °/₀	Id.
Peaux { de cabri de Pondichéry........	Les 100	75	6 °/₀	
de mouton de Pondichéry........	Id.	45	Id.	

Fait à Saint-Denis, le 10 janvier 1862.

Les Membres de la Commission présents,

Signé : Brienne, directeur, Z. Bertho, Husson, Lhuilier, Cartier et Gamin.

Approuvé en séance du Conseil privé, le 29 janvier 1862.

Le Gouverneur,

Baron DARRICAU.

Par le Gouverneur :

Le Directeur de l'Intérieur,

Ch. de Lagrange.

N° 1039. — NOMINATIONS, PROMOTIONS ET MUTATIONS.

Évêché.

— Par dépêche du 26 décembre 1861, numérotée 496, S. E. le Ministre de la Marine et des colonies a accordé à l'abbé Lécuyer, prêtre du clergé de la Réunion, une prolongation de congé de trois mois, qui expirera le 23 mars 1862.

Administration Militaire.

— Par dépêche du 23 décembre 1861, numérotée 318, le congé de M. Porteret, garde du génie, est approuvé.

— Par arrêté du Gouverneur en date du 17 janvier 1862, la démission de M. Cotteret, capitaine adjudant-major des milices de Saint-André, est acceptée.

— Par arrêté du Gouverneur en date du 22 janvier 1862, ont été nommés dans la milice de Saint-Louis :

Au grade de Capitaine :

M. Amat (Jules), adjudant sous-officier.

Au grade de Sous-Lieutenant :

M. Payet (Simon), sergent-major.

Administration de la Marine.

— Par dépêche ministérielle du 18 décembre 1861, numérotée 489, M. Gaubert, chirurgien de la marine de 3e classe, est annoncé comme devant remplacer dans la Colonie M. Tranchant, officier du même grade.

— Par dépêche du 18 décembre 1861, numérotée 485, le congé de convalescence de M. Liautaud, sous-commissaire de la marine, destiné à la Réunion, est approuvé.

— Par dépêche ministérielle du 26 décembre 1861, numérotée 498, a été autorisée la permutation entre M. Liautaud, sous-commissaire du cadre de la Réunion, et M. Roland, officier du même grade, du cadre de l'Inde.

— Par décision du Gouverneur en date du 2 janvier 1862, un congé de convalescence a été accordé à M. Laugaudin, chirurgien principal de la marine, Chef du service de santé par intérim.

— M. Tranchant (Prosper-Louis-Marius), chirurgien de la marine de 3e classe, est décédé le 3 janvier 1862.

— Par ordre du Gouverneur en date du 4 janvier 1862, M. Normand, chirurgien de la marine de 2e classe, a dû rentrer en France pour y continuer ses services.

— Par décision du Gouverneur en date du 6 janvier 1862, prise sur le rapport de l'Ordonnateur, M. Villette, chirurgien principal de la marine, est nommé aux fonctions de Chef du service de santé, par intérim, à la Réunion, en remplacement de M. Laugaudin, officier supérieur du même grade, mis en position de congé.

— Par décision de l'Ordonnateur en date du 6 janvier 1862, la composition du Conseil de santé est réglée ainsi qu'il suit :

MM. Villette, chirurgien principal de la marine, Chef du service de santé, par intérim, président ;
    Arnaud, chirurgien de la marine de 1re classe ;
    Bories, pharmacien de la marine de 2e classe.

— Par décision du Gouverneur en date du 15 janvier 1862, M. Corre (Jean-Marie), magasinier du magasin général du matériel à Saint-Denis, est assimilé à un magasinier de 2e classe de la marine ; sa solde, sur le pied colonial, est de 2,400 francs par an.

— Par décisions de l'Ordonnateur en date du 31 janvier 1862,

M. Dauvin (Jules), chirurgien de la marine de 3ᵉ classe, provenant de la Métropole, est mis à la disposition du Chef du service de santé pour servir à l'hôpital militaire de Saint-Denis;

M. Mathis (Michel), officier de santé du même grade, est appelé à servir à Mayotte et dépendances;

M. Sémanne (Constant-Abel), chirurgien de la marine de 3ᵉ classe, attaché à la Mission de Zanzibar, vu l'arrivée de son remplaçant à la Réunion (M. Dauvin), cesse d'appartenir au cadre colonial et sera payé sur les fonds du service marine.

— Par décision de l'Ordonnateur en date du 31 janvier 1862, M. Foyée (Casimir), écrivain de la marine, a été destiné à servir à Mayotte et dépendances.

Administration de l'Intérieur.

— Par dépêche du 26 décembre 1861, numérotée 491, S. E. le Ministre de la marine et des colonies approuve le congé de convalescence accordé à M. Gontier, 1ᵉʳ commis de l'Administration des Douanes.

— Par arrêté du Gouverneur en date du 1ᵉʳ janvier 1862 :

M. Berhau (Joseph-Marie), contrôleur principal P. I., est nommé sous inspecteur;

M. Manès (Edouard), contrôleur divisionnaire, remplissant provisoirement les fonctions de 1ᵉʳ commis de direction, occupera définitivement cet emploi avec le grade de contrôleur principal;

M. Rieul (Emile), 2ᵉ commis P. I., continuera à remplir provisoirement ces fonctions;

M. Lachenardière (Bernard), surnuméraire auxiliaire, occupera provisoirement l'emploi de 3ᵉ commis;

M. Thomas (Emile), surnuméraire titulaire, remplira provisoirement les fonctions de 4ᵉ commis;

M. Entzminger (Michel), surnuméraire auxiliaire, est maintenu dans cette position ;

M. Desprez (Guillaume), contrôleur divisionnaire P. I., est nommé contrôleur principal à Saint-Denis (1re division);

M. Bordenave (Adolphe), contrôleur divisionnaire, est nommé contrôleur de 1re classe à Saint-Pierre (2e division);

M. Buttié (Antoine), contrôleur divisionnaire, est nommé contrôleur de 1re classe à Saint-Benoit (3e division) ;

M. Amat (Jacques), contrôleur divisionnaire, est nommé contrôleur de 2e classe à Saint-Paul (4e division) ;

M. Auriol (Adolphe), contrôleur divisionnaire, est nommé contrôleur de 2e classe à Saint-Louis (6e division);

M. Monthel Perrier d'Hauterive continuera à remplir provisoirement les fonctions de contrôleur divisionnaire P. I. à Sainte-Suzanne (5e division).

— Par arrêté du Gouverneur en date du 1er janvier 1862,

M. Godet, gérant des ponts-et-chaussées, est assimilé aux conducteurs principaux; et M. Noël, commis-gérant, aux conducteurs de 2e classe du même service.

— Par arrêté du Gouverneur en date du 8 janvier 1862,

Sont nommés contrôleurs ambulants du service des contributions :

Pour la partie du Vent, à la résidence de Saint-André :

1° M. Legras (Victor), actuellement préposé-surveillant de distillerie ;

Pour la partie Sous-le-Vent, à la résidence de Saint-Louis :

2° M. Legras (Achille), également préposé-surveillant de distillerie.

— Par arrêté du Gouverneur en date du 8 janvier 1862, M. Langlois (Philibert), ancien commissaire de police à Saint-Paul, est nommé commissaire de police de canton à Saint-Pierre.

Il sera détaché provisoirement à Saint-Paul où il

remplira les fonctions de commissaire principal pendant la durée de l'absence du titulaire.

— Par arrêté du Gouverneur en date du 14 janvier 1862 ,

M. Robert (Melvin), secrétaire de la Mairie de Sainte-Suzanne, est nommé contrôleur de 2° classe des contributions diverses à la résidence de Sainte-Suzanne (2° division).

— Par arrêté du Gouverneur en date du 15 janvier 1862 ,

M. De la Hogue (Adolphe) est nommé syndic des immigrants près de la Justice de Paix de Saint-Denis.

— Par arrêté du Gouverneur en date du 15 janvier 1862 ,

M. Panon (Etienne) est nommé à un emploi de préposé-surveillant de la fabrication et de la vente des rhums.

— Par arrêté du Gouverneur en date du 15 janvier 1862 ,

M. Périer Montbel , employé au bureau central des contributions diverses , est nommé à un emploi de préposé-surveillant de la fabrication et de la vente des rhums.

— Par arrêté du Gouverneur en date du 15 janvier 1862 , M. Boilloux (Napoléon-Charles), receveur de l'enregistrement et des domaines à Saint-André , est nommé receveur de l'enregistrement au bureau de Saint-Pierre (actes civils), en remplacement de M. Leclerc dont la démission , en date du 31 décembre dernier , est acceptée.

M. Tabouret (Joseph), commis receveur, est nommé receveur de l'enregistrement et des domaines à Saint-André.

M. Gruchet (Henri-Joseph-Dentremont), aspirant surnuméraire , est nommé commis receveur.

M. de Treffry de Toulguenguat (Alphonse), aspirant surnuméraire, est nommé troisième commis de direction.

— Par arrêté du Gouverneur en date du 20 janvier 1862,

Sont nommés agents comptables du Lazaret :

MM. Guichot (Jean-Marie-Ursule), à la Grande-Chaloupe,

Et Peyras (Germain-Prosper), à la Ravine à Jacques.

—Par arrêté du Gouverneur en date du 22 janvier 1862,

M. Tabouret (Joseph), commis receveur, est chargé de l'intérim du bureau de l'Enregistrement à Saint-Pierre (actes civils), devenu vacant, et recevra, à partir du 1er janvier 1862 jusqu'au jour de la cessation de son intérim, la totalité des remises allouées au receveur titulaire.

— Par arrêté du Gouverneur en date du 25 janvier 1862, M. Biberon fils (J.-B.) a été nommé membre du Conseil municipal de Sainte-Marie, en remplacement de M. le baron de Keating, démissionnaire.

— Par arrêté du Gouverneur en date du 28 janvier 1862,

Ont été nommés syndics adjoints :

MM. De Rolland (Derieul), à Sainte-Marie ;
Girois (Siméon), à Sainte-Rose ;
Fournier (Louis), à Saint-Philippe.

— Par arrêté du Gouverneur en date du 28 janvier 1862,

M. K/ourio, receveur de l'Enregistrement à Saint-Joseph, est nommé à un emploi de préposé surveillant de la fabrication et de la vente des rhums.

— Par arrêté en date du même jour,

M. Cadet (Alexandre) est nommé à un emploi de préposé-surveillant de la fabrication et de la vente des rhums.

— Par arrêté du Gouverneur en date du 29 janvier courant, M. Entzminger (Michel), surnuméraire à la Direction des contributions, est nommé provisoirement contrôleur adjoint des contributions à la résidence de Saint-Benoît (3ᵉ division).

M. Patu de Rosemont fils est nommé surnuméraire de la Direction des contributions.

— Par arrêté du Gouverneur en date du 29 janvier 1862, M. Tarnec (Louis-Julien-Malo) est nommé secrétaire attaché au bureau de police de sûreté.

— Par arrêté du Gouverneur en date du 29 janvier 1862, M. Dioré (Auguste) est nommé syndic des immigrants près de la Justice de Paix de Sainte-Suzanne, en remplacement de M. Léon Deheaulme, démissionnaire.

— Par arrêté du Gouverneur en date du 31 janvier 1862, M. Vernay, maître répétiteur de 2ᵉ classe au Lycée impérial, est révoqué de ses fonctions, à compter du 2 du courant.

Administration de la Justice.

— Par arrêté du Gouverneur en date du 1ᵉʳ janvier 1862, M. Dejean de La Bâtie, nommé provisoirement secrétaire général de la Direction de l'Intérieur, reprend ses fonctions de 1ᵉʳ substitut du Procureur impérial près le Tribunal de première instance de Saint-Denis.

— Par décision du Procureur général en date du 13 janvier 1862,

Le sieur Fontaine (Alfred) est nommé commis au parquet du Procureur impérial de Saint-Pierre, en remplacement du sieur Lebreton, appelé à d'autres fonctions ;

Le sieur Monjoli Loiret est nommé interprète des dialectes de l'Inde près le Tribunal de première instance de Saint-Pierre.

— Par arrêté du Gouverneur en date du 14 janvier 1862, enregistré le 17 du même mois, MM. Laffon et Legras, conseillers à la Cour impériale, ont été nommés pour compléter, pendant le 1er semestre 1862, le Conseil privé constitué en Conseil du contentieux administratif et en Commission d'appel.

— Par arrêté du Gouverneur en date du 14 janvier 1862, M. Jouan (Pierre-Émilien) a été nommé commis-greffier de la Cour impériale, en remplacement de M. Godefroy, appelé à d'autres fonctions.

— Par décision du Procureur général en date du 14 janvier 1862, sont désignés pour composer les bureaux d'assistance judiciaire à Saint-Denis et à Saint-Pierre :

A Saint-Denis :

MM. Morel, avocat.
Mottet, notaire.
V. de Tourris, avoué.

A Saint-Pierre :

MM. Lebel, avocat.
Burel, notaire.
Le Vigoureux, avoué.

— Par arrêté du Gouverneur en date du 16 janvier 1862, M. Poste (Paul), commis-greffier près le Tribunal de première instance de Saint-Pierre, est nommé secrétaire du parquet du Procureur impérial près le même siége, en remplacement de M. Lenoir, appelé à d'autres fonctions.

— Par arrêté du Gouverneur en date du 16 janvier 1862, enregistré à la Cour le lendemain, ont été nommés provisoirement :

Suppléant du Juge de Paix à Saint-Paul, en remplacement de M. Adamolle qui a changé de résidence, M. Dupont (Ferdinand), notaire à Saint-Paul ;

Suppléant du Juge de Paix à Saint-Leu (place créée), M. Adamolle (Charles), ancien notaire.

— Par arrêté du Gouverneur, rendu en Conseil privé le 29 janvier 1862, le sieur Martinel (André), stagiaire, a été nommé huissier près la Justice de Paix du canton de Saint-Leu.

CERTIFIÉ CONFORME :

Le Contrôleur colonial,

DESROBERT.